一读就上瘾的中国史

蒋波 编著

北方妇女儿童出版社
·长春·

图书在版编目（CIP）数据

一读就上瘾的中国史 / 蒋波编著. -- 长春 : 北方妇女儿童出版社, 2024.4
ISBN 978-7-5585-8407-7

Ⅰ. ①一… Ⅱ. ①蒋… Ⅲ. ①中国历史－通俗读物 Ⅳ. ①K209

中国国家版本馆CIP数据核字(2024)第070938号

一读就上瘾的中国史
YIDUJIUSHANGYINDEZHONGGUOSHI

出 版 人　师晓晖
策划编辑　刘慧滢
责任编辑　姜晓坤
封面设计　韩海静
开　　本　16开
印　　张　17
字　　数　193千
版　　次　2024年4月　第1版
印　　次　2024年4月　第1次印刷
印　　刷　三河市燕春印务有限公司
出　　版　北方妇女儿童出版社
发　　行　北方妇女儿童出版社
地　　址　长春市福祉大路5788号
电　　话　总编办：0431-81629600

定　　价　59.00元

前言

PREFACE

中华文明，源远流长；中国历史，波澜壮阔。

中国上下五千年的历史，犹如古老的长江、黄河一般，浩浩荡荡，绵延不绝。在这绵延不断的历史长河里，我们的祖先经历过辉煌岁月，也经历过黯淡时光；经历过诗书礼乐的和平稳定，也经历过金戈铁马的战乱动荡。但是，历史上的每一段时光，无论是繁荣还是苍凉，都值得我们去铭记、去尊重。

五千年的历史是厚重的，不过，我们却可以从不同的角度去认识它，通过不同的表达方式去描述它。

本书以微观的角度切入，讲述宏观的中国历史，借由皇家秘事、战争传奇、古代生活、文化杂谈、风雨残迹、名士风流、巾帼红颜、秘史奇谈八个主题，呈现中国各个朝代的迭代更替、历史要件和盛衰沉浮。

本书一改传统史书枯燥的叙事方式，而以一种风趣、诙谐的口吻，为读者呈现了鲜活的历史人物、丰富的多元文化。在选择人物及事件时，本书也在保证史料可靠的基础上，深挖历史真相，结合百家之言，力图从新颖的角度去展现历史的另一面。

比如，在正史中，周武王和商纣王是一对冤家，并进行了一场你死我活的“火拼”，最终以周武王胜利，商纣王自焚结束。你可能想不到的是，这两个人可是表兄弟的关系，因为他们的父辈曾进行了一场联姻。

又如，在大多数人的认知中，明朝的末代皇帝崇祯宁可吊死煤山，也绝不和起义军、清军和谈。实际上，面对内忧外患的局面、风雨飘摇的江山，崇祯也曾想与清军和谈，然后集中精力对付起义军。只不过因为手下大臣的疏忽，致使和谈密信泄露，崇祯为了“面子”而关闭了和谈大门，明朝也因此丧失了最后一个“生存”的机会。

全书语言诙谐幽默，降低了阅读历史的沉闷感，增强了趣味性和可读性。同时，本书还配制了幽默生动的漫画，与文字内容互为补充与诠释，让读者朋友更直观地了解历史，获得插图与文字赋予的双重享受。

历史蕴含着真知与经验。如果您想找一本轻松有趣，作为了解中国历史、打发休闲时间的读物，这部《一读就上瘾的中国史》是您的不二选择。现在请跟随本书，一起感受中国历史的魅力吧！

目录
CONTENTS

第一章 皇家秘事 帝王家也有难念的经

第二章 战争传奇 活着就为征服世界

第三章 古代生活 原来古人这样过日子

第四章 文化杂谈 你不知道的历史冷知识

第五章 风雨残迹

不会说话的历史见证者

第六章 名士风流

了解真实的“古代名流”

第七章 巾帼红颜
中国历史上的传奇女性

第八章 秘史奇谈
扑朔迷离的历史真相

第一章

皇家秘事

帝王家也有难念的经

最早的“王子复仇记”

无论是中国文学还是外国文学，无论是文学故事还是影视作品，“王子+复仇”永远是顶级流量密码。

而关于王子复仇的故事，古今中外更是多如牛毛。无论是莎士比亚笔下的哈姆雷特，还是印度传说中的巴霍巴利王，他们的故事都如同史诗传奇一般，让人热血澎湃、荡气回肠。

在人们的观念中，王子复仇的故事只能出现在文学作品中，现实中是不存在的。但颠覆你认知的是，这种事情却真真切切地在我国历史上发生了。

故事要追溯到我国历史上的第一个朝代——夏朝时期。夏王朝的第一个君主是夏禹，他的儿子名叫启。夏启是夏朝第二位君主。传说启像孙悟空一样，是从石头里生出来的。

不过那毕竟是传说，启是一个活生生的人。他有五个儿子——太康、元康、伯康、仲康、武观。武观为争皇位，因杀死元康和伯康被流放。

后来启死了，太康继承了王位。失去管束的太康变得更加肆无忌惮了，国家大事被抛到脑后，每天只知道打猎游乐，有一次外出打猎竟然去了一百多天。

王位这东西最招人觊觎了。正当太康在洛水南岸优哉游哉地打猎时，一个叫后羿的人趁机夺取了王位。无法回都城的太康只好过起了流浪的生活。这在历史上被称为“太康失国”。

后羿虽然掌控了夏王朝的大权，代理朝政，但也知道自己难以服众，于是就让仲康当起了“傀儡”君主，自己在幕后指挥。

后羿正洋洋自得的时候，没想到“螳螂捕蝉，黄雀在后”，他手下有个大臣名叫寒浞，生性狡诈，野心勃勃。寒浞先收买了后羿的家奴，用酒把后羿灌醉，然后杀死了他，并霸占了后羿的妻子和全部家产，掌控了夏王朝的大权。

后来，在位七年的仲康也死了，仲康的儿子后相又被戴上了那顶徒有虚名的王冠。这时候，寒浞的野心越来越大，他想做真正的王，于是便让他的儿子寒浇灭了后相的全家。

万万没想到的是，后相的妃子后缗却趁乱逃到娘家有仍氏，而且还生下了一个遗腹子，取名叫少康。当然这一切寒浞是不知道的。

现在，备受瞩目的王子登上了舞台。像许多剧本安排的那样，少康自带光环，天生聪慧而有力量。他本以为会像周围的人一样，平凡地度过一生。但是，就像宝藏男孩儿一样，少康的才能终将在某个时刻展露光芒。

一天，后缗告诉儿子，你不是凡人，你是伟大的治水功臣大禹的后人，是落魄在民间的夏朝王子，寒浞是你的敌人，你应该去复仇，去复国兴邦。

那一刻是什么感觉？就像有人告诉你，有一百个亿的遗产等待你去继承，但是现在却被别人掌管着。少康听了，真是兴奋夹杂着恐惧，同时也立下了誓言，一定要继承遗产，不，是复兴夏王朝。

在外公那里，少康一边管理畜牧业，一边学习带兵打仗的本领，同时寻找着复仇的机会。

不料有一天，寒浞意外得知，夏王朝竟然还有后人存在，而且这个孩子已经长大成人了。他大为震惊，立即派出兵马前来捕杀少康。

但是，少康提前得到了消息，赶紧逃到了舜帝的后代有虞氏那里，躲避追捕，当起了厨师。

当时，有虞氏的国君名叫思，真可谓慧眼识珠，一眼就看出了这个厨师不一般。思不仅把自己的两个女儿嫁给了少康，还把一块叫纶的地方交给他管理。这种事情恐怕连善于天马行空的科幻小说作者都不敢想象吧！

不过这可不是胡编，史书《左传》记载：

《左传·哀公元年》 搜索一下 你全知道

"逃奔有虞，为之庖正，以除其害。虞思于是妻之以二姚，而邑诸纶。"

据说纶这个地方方圆十里，土地肥沃，物产丰富，人口众多，真是一个复国的最佳根据地。

又过了几年，少康的实力进一步壮大。而此时，寒浞滥施暴政，越来越不得民心，反抗他的人也越来越多。少康见时机成熟，立即打起了"复国兴邦"的旗号，把反对寒浞的人全部团结到自己的身边，起兵讨伐寒浞，而此时的寒浞还沉迷在酒色之中呢！

很快，少康兵临都城，寒浞仓皇出战，结果大败而回，最后死在了乱军之中。就这样，这位一度落魄的王子登上了王座，成为夏朝第六位君主。少康重振了夏王朝，上演了一部现实版的"王子复仇记"！而这段历史也被称为"少康中兴"。

嬴政和太子丹的友谊小船为啥说翻就翻

如果用一个词来概括战国时期，“悲壮”绝对可以名列前茅。尤其到了战国末期，悲壮的故事就更多了，长平之战、李牧自杀、白起自尽等，不过，要说起最悲壮的，还要数荆轲刺秦王的故事。

故事的主人公名叫荆轲，据说这个人的武艺特别高强，属于剑客级别，为人特别重义气。他为了报答燕国的太子丹，千里赴秦，刺杀秦王嬴政。

荆轲出发时唱着：“风萧萧兮易水寒，壮士一去兮不复还。”直到现在，我们后人读起来，即使在夏天也会感到一股秋风的萧瑟。刺杀结果就更加悲壮了，荆轲壮志未酬，惨死在了大殿之上。

太子丹为啥要让勇士刺杀秦王呢？燕国官方的解释是：为了阻止秦国吞并燕国等东方六国的野心。

老祖宗教育我们，要透过现象看本质，看待这件事也要有一双敏锐的双眼。实际上，这段悲壮历史的背后，是嬴政和太子丹两个人友谊翻船的故事。

战国时期，秦国在西南部，燕国在东北部，两国之间隔着赵国等好几个诸侯国。正如一首诗中写道：“那时的车马很慢，一生只能爱一个人。”别说相爱，就是相识或者见上一面都不容易。但这两个人是如何认识的呢？

这就要归功于那个时代了。那时候诸侯国林立，国与国之间打打停停犹如家常便饭一般，造成了国与国之间的不信任。后来，有的诸侯国之间需要结盟，表示友好，但彼此不信任怎么办呢？这时候可别低估了我们祖先的智慧，他们约定，各自派人到对方国家做人质，这样的人被称为质子。

另一方面，有的小国、弱国为了表示对大国的臣服，也派人到对方那里做人质。

当然，别以为谁都有资格当质子，一般来说，只有皇族成员，甚至是太子——国君的继承人才有资格。而嬴政和太子丹都是这样的“天选之人”。

《史记》中有所记载：

> 《史记·刺客列传》　　搜索一下 你全知道
>
> “燕太子丹者，故尝质于赵，而秦王政生于赵，其少时与丹欢。”

那时候，太子丹以燕国王位继承人的身份到赵国做人质。嬴政的父亲秦异人以王族的身份在赵国做人质，期间，嬴政在赵国出生了，自然就成了人质。

太子丹和嬴政两个人在赵国相识，都是寄人篱下，可谓同病相怜，用现代心理学词汇说，叫心理认同感。对于两个人的关系，《史记》用了一个“欢”字，喜悦、高兴，在他们随时都有可能被处死的环境下，只有两个人在一起的时候才能找到一丝快乐。

不过后来事情悄悄地发生了变化，两个人的友谊也面临考验。在“权力操盘手”“世界最具眼光的商人”吕不韦的运作下，秦异人成了秦国太子，还意外地继承了王位。而没过多久，秦异人就死了，嬴政就继承了王位，也就是后来的秦始皇。

与嬴政的顺风顺水相比，太子丹的人生可谓崎岖坎坷。老燕王非常长寿，太子丹虽然贵为太子，但迟迟不能登上王位，志向也不能得到施展。而此时，嬴政已经开始了统一六国的征程。

更悲催的是，太子丹后来还被燕王作为质子送到了秦国。按道理，这对好友见面后，应该异常热情才对，但太子丹怎么也没想到，自己昔日的好友竟然变得如此无情。

在秦国的日子里，太子丹备受冷落，面对极大的心理落差，他只好告辞。但是嬴政此时却表现出了反常的热情，极力挽留——除非有一天马长出了犄角，太子丹才能回去。

此时，太子丹对嬴政开始由反感变成了怨恨。有一天，他趁着守卫大意，偷偷地逃回了燕国。《史记》中写道：“及政立为秦王，而丹质于秦。秦王之遇燕太子丹不善，故丹怨而亡归。”

此时，嬴政的野心越来越大，把强大的赵国都打败了，把韩国吞并了，一统六国的脚步越来越快。巨大的心理落差和自己的私人恩怨，再加上亡国的危机感，使得太子丹在思前想后之下，最终决定要刺杀嬴政。

但荆轲刺杀以失败告终，嬴政大怒，派兵伐燕。燕王打不过，只好杀死太子丹求和。

当年，嬴政看见太子丹的首级摆在自己面前时是什么表情、什么心理，史书没有记载，也只能凭后人想象了。不过，一对幼年好友却以这种结局告终，着实令人感慨。

天选帝王，秦始皇躲过几次刺杀

嬴政能够成为秦王，可以说是意外中的意外，幸运中的幸运。不过，更为幸运的是，他竟然能躲过多次刺杀，最后还安然无恙。如果有评选的话，嬴政绝对可以算得上遭遇刺杀次数最多的帝王，难怪被称为“天选帝王”。

关于嬴政遇刺，大大小小的事件可谓多如牛毛，具体数字已经无法统计了，大多数刺杀都因为失败的结局而淹没在历史的长河之中。不过，其中最凶险也最为人们所熟知的一次，当属在大殿上被勇士荆轲追杀的那次。

那一次，他曾经的好朋友太子丹告诉他，燕国准备与秦国交好，为了表示诚意，把逃到燕国的秦王的仇人樊於期杀了，并把樊於期的首级连同割让给秦国的督亢这个地方的地图一起献上。

嬴政非常高兴，专门在大殿上接待燕国的使者。来的是两个人，一个叫荆轲，一个叫秦舞阳。嬴政知道的是，这两个人都是燕国的勇士，他不知道的是，使者身份的背后，是刺杀秦王的使命。

荆轲拿着地图，一边慢慢展开，一边指点，到最后突然露出了一把匕首。这把匕首非常锋利，是燕太子丹特意从铸剑大师那里花重金买来的，而且上面还淬有剧毒，能够见血封喉。

荆轲左手一把抓住秦王衣袖，右手拿匕首直刺，嬴政大惊失色。照这样下去，刺杀成功的概率绝对在 99.99% 之上，但是恰恰是那 0.01% 的概率发生了。在生死关头，嬴政抽身跳起时，袖子一下子就挣断了，嬴政得以逃脱。

紧接着，嬴政抽出宝剑，砍断了荆轲的左腿。荆轲于是将匕首投向嬴政，结果没有刺中，后来，侍卫一拥而上，杀死了荆轲。

不过，一场虚惊过后，这件事还没完。嬴政有一个喜好，就是音乐，尤其是筑的演奏。一统天下之后，嬴政听说有一个叫高渐离的人非常善于击筑，就让人把他叫来，给自己当私人乐师，专门为自己演奏。

这个高渐离可不是一般人，他是荆轲最好的朋友，当年在易水送别的时候，就是高渐离一边击筑，荆轲一边高唱“风萧萧兮易水寒，壮士一去兮不复还。”荆轲死后，他一心想杀死嬴政，为好朋友报仇。

不过，嬴政因为高渐离擅长击筑而赦免了他的死罪，只是，熏瞎了他的双眼。高渐离偷偷把铅灌进筑中，一次，在为秦王击筑时，突然拿筑击向秦王，但没有击中。嬴政处死了高渐离，终身不再接近六国诸侯的人。

除了爱好音乐，嬴政另一个爱好就是旅游，为此他还专门修了几条“高速公路”，叫作驰道。据说，他去过度假胜地秦皇岛，还到过长江、太湖一带。他的这个爱好也为他带来了许多危险。

据说有一次，他在旅游回来途中，路过一个叫博浪沙的地方时，被一个叫张良的人注意到了。张良原来是韩国的贵族公子哥，吃喝不愁，韩国被嬴政灭掉后，张良一下子就变成了平民百姓。

心中愤恨不已的张良，花钱雇了一名大力士，埋伏在博浪沙的路边，将 120 斤重的大铁锤，狠狠地掷向秦始皇的车辆，车辆被砸得粉碎。

张良心中高兴，以为嬴政必死无疑，没承想几天后，嬴政大摇大摆地出现在了都城咸阳。原来大力士砸中的只是副驾而已。

嬴政当上皇帝后，又喜欢上了微服私访，经常穿上便服，带着几个武士四处巡察。有一天晚上，他来到离都城不远的兰池，结果被一伙强人围杀。幸好身边的武士武艺高强，把这伙强人全都杀死了，否则嬴政被杀，历史都得被改写。

上面这四次遇刺，只是史书上明确记载且比较重要的几件，作为历史上的首位皇帝，为了统一六国，难免树敌太多。不过，在嬴政眼里，与统一大业相比，这些危险又算得了什么呢?

刘邦处死恩人，为啥后人还叫好

古语说：胜者王侯，败者为寇。胜利者往往得到数不清的赞美，而失败者往往会被人们的唾沫星子淹死。但是楚汉相争却是个例外，人们对失败者项羽赋予了无限的同情，而对刘邦的行为嗤之以鼻。

但是，能够在乱世中崛起并称帝的人，一定有其过人之处。那么，刘邦的过人之处在哪里呢?

刘邦自己曾有个总结，说：“夫运筹策帷帐之中，决胜于千里之外，吾不如子房。镇国家，抚百姓，给馈饷，不绝粮道，吾不如萧何。连百万之军，战必胜，攻必取，吾不如韩信。”

大意就是说，论谋略，我比不上张良，论内政和后勤，我比不上萧何，论军事和战争指挥，我更不能和韩信相提并论。

现代人总讲一定要知人善用，那什么叫知人善用?看看刘邦是怎么做的。

刘邦所说的这三个人，被称为“汉初三杰”。他们才能出众，绝对属于巅峰级别。作为一个领导，刘邦不仅了解一批人才，而且还把他们放在适当的位置上，让他们最大限度地发挥专长，这就难怪刘邦事业可成。

刘邦在用人上，除了知人善用，而且还胸怀宽广，容得下跟自己红过脸的人。

当时有个叫田横的，很讲义气，曾和他的几个兄弟起兵，占领了齐地，也就是现在山东一带。田横自称齐王，实力强大。有一次，刘邦派自己的亲信郦食其去劝降他，但田横却将郦食其扔在开水里，活活地煮了。

刘邦当了皇帝后，田横吃了败仗，带着五百多人逃到了海岛。刘邦认为田横是个人才，而且在齐地很有影响力，如果不加以招抚，齐地以后恐怕会发生叛乱。于是，他又派使者去招降。

田横见到使者，直截了当地说：“我曾煮杀了郦食其，现在他的弟弟郦商正在朝廷为官，我很害怕，所以不敢去京城，我只当个平民就行了。”

使者回报给刘邦。刘邦想了想，先下诏给郦商说：“田横马上就要归降了，谁如果想动他，我立即诛灭他的家族！”

随后，刘邦再派使者把诏令郦商的情况对田横一一讲明，并说道：“你如果能前来，不是封王就是封侯。”

田横见刘邦如此大度，于是就同意了。但是快到京城的时候，田横内心斗争激烈，他对两名陪同的宾客说：“即便郦商害怕天子不敢动我，难道我内心就不感到惭愧吗？”于是便自杀了。

刘邦得到田横死去的消息，不禁流下了眼泪并按葬侯王的礼仪安葬了他。

还有个人叫季布，他是项羽手下的得力干将之一，多次把刘邦打得满地找牙，让刘邦很没面子。项羽灭亡后，刘邦突然想到季布这个人，心里很是不舒服，听说季布已经逃跑了，就下令：如果谁能捉住季布，赏千金；如果谁敢收留季布，诛杀三族。

于是季布剃去头发，把自己卖给大侠朱家当奴隶。朱家当然知道这个人就是季布，将其收留后，就去觐见刘邦的大将滕公夏侯婴，劝他说："季布有什么罪啊？当初只不过各为其主罢了。现在皇上刚刚得到天下，便借私人的怨恨去寻捕一个人，这就是在说自己的心胸狭窄啊！"

滕公听了，觉得很有道理，于是就找了个机会把朱家的意思告诉了刘邦。刘邦也恍然大悟，不仅赦免了季布，还封了他的官职。

这个消息传到了季布的舅父丁公耳中，他一听也赶紧兴冲冲地去见刘邦，因为他确信自己肯定也能得到一官半职。

丁公为什么这么自信呢？原来他也是项羽手下的将领。有一次，他带兵和刘邦在彭城打仗，在城西把刘邦紧紧地围困了起来。刘邦眼看自己手下的士兵越来越少，顿时感到问题的严重性，于是便回头对丁公说："咱们两个都是好汉，好汉和好汉之间为什么要相互为难、拼个你死我活呢？"

丁公听了，说了句："有道理。"然后就带兵撤走了。项羽灭亡后，丁公认为，得罪了刘邦的季布都被封了官，而自己当初也算救了刘邦一命，是他的恩人，肯定会封个更大的官职。

但是，刘邦见到丁公后，一脸嫌弃，然后一把把他拉到军营中，对着大家说："丁公这个人是项王的人，却不忠诚项王，是让项王失掉天下的人啊！"

于是，刘邦下令把丁公处死了，并说："我这样做，就是为了让后世为人臣子的人不要效法丁公！"

刘邦就这样把自己的"恩人"杀死了，但是后人几乎没有一个为丁公喊冤的，都称赞刘邦的做法。连司马光都这样称赞：汉高帝（刘邦）做的这件事既深刻又远广，他的子孙享有四百多年的天下，确实应当啊！

为啥说司马炎是开国皇帝中的另类

在我国历史上，历朝历代的开国皇帝都比较英明，而且普遍厉行节俭，从而推动了社会的发展。唯独有一个例外，他又贪财又好色，还特别奢侈，在他的带动下，朝野上下形成了"攀比"的不正之风，堪称"最奢侈的开国皇帝"。

这个人就是晋朝的开国皇帝晋武帝司马炎。

司马炎是司马懿的孙子、司马昭的儿子。在高平陵事件中，司马懿夺取了曹魏大权，随后，他的两个儿子司马师和司马昭将地位加以巩固。司马昭掌权的时候，还把蜀汉灭了，可惜的是，在差一步就能登上皇帝宝座的时候，他突然得了急病死了。

司马炎继承了父亲的大权后，果断夺取了帝位，随后又灭了东吴，统一了天下。未统一的时候，司马炎还像个明君的样子，也干了些实事，但是完成统一之后，一下子就飘飘然了，开始把心思放在吃喝玩乐上。

吴国灭亡后，许多吴地的女子也被晋国将士掳掠到了北方，司马炎见状，大手一挥——统统纳入后宫，供自己享用。这些美女有多少呢？足足有五千人。皇宫一下子就人满为患了。

不过，据《晋书》记载：“帝既平吴，专事游宴，怠于政事，掖庭殆将万人。”好家伙，司马炎的妃嫔足足有一万人。但是细算下来，从吴国带回来五千多个美女，还有将近五千的美女从哪里来的呢？

原来不久前，司马炎下了一道“采择未毕，权禁断天下嫁娶”的诏书。啥意思，这位不嫌老婆多的司马炎皇帝以后宫美女缺乏为名，要在天下选秀，也就是选老婆。这也就罢了，司马炎过分的地方在于，他还下令，在选秀的期间，全国禁止结婚。

这对全国正打算结婚的青年男女来说，简直就是毁灭性的灾难。而且，司马炎在第一次选了三千名之后，觉得还不够，又搞了一次，两次加起来，选入宫的妃子多达五千多人。

就这样，司马炎完成了娶一万个老婆的伟大目标。不过问题来了，一下子来了这么多人，吃饭且先不说，至少得有住的地方吧。于是，司马炎开始日夜加盖新宫殿，但是盖房子需要钱，钱从哪里来呢？不用问，肯定是老百姓那里。

有一次，晋武帝司马炎到南郊祭祀，在回城的路上，他恬不知耻地问司隶校尉刘毅：“你觉得朕可以和汉朝的哪一位皇帝相比呀？”

刘毅回答说：“汉桓帝和汉灵帝。”

汉桓帝和汉灵帝是东汉时期的两名昏君，他们整日不理朝政，把国家搞得乌烟瘴气。司马炎有些不高兴了，说：“我没有那么差劲吧？”

刘毅回答说：“桓帝、灵帝把卖官的钱送进官库；而陛下您却把卖官的钱中饱私囊，用来修建宫殿。这样一看，陛下您还不如他们。”

除了居住问题，还有一个重要问题待解决。要知道，一万名妃子，即使司马炎每天宠幸一位，也要花 30 年的时间才能完成。而且这一万名妃子，每天宠幸谁也是个大难题，除了比较熟悉的二十多位妃嫔，其余的妃子司马炎根本就不知道长相如何，是否符合自己的审美。

不过，司马炎几经思考，终于想出了一个极具创意的办法：每天坐上羊拉的车到后宫溜达，羊车停在哪个宫人的宫殿就在哪里过夜。

正所谓上行下效，司马炎带头奢侈之后，朝中那些皇亲贵戚、达官贵人便竞相攀比。司马炎的侄子齐王司马冏也大兴土木，所盖王府几乎可以和皇宫相媲美。

司马炎的亲信太尉何曾，每天光吃饭就要花掉上万钱。有时他要去宫中陪皇帝吃饭，每次都觉得皇宫里的饭菜太难吃了，和自己家里的饭菜味道简直有天壤之别。

于是在那件事情之后，何曾每次去宫中赴宴，都带上自己家做的菜肴。

西晋初期的奢侈、攀比之风盛行，最典型的还要数司马炎的舅舅王恺和散骑常侍、侍中石崇斗富了：王恺用饴糖水刷锅，石崇就用蜡烛当柴烧；王恺用紫丝（即紫色丝绸）做路边的屏障延绵四十里，石崇就用五十里的锦缎做屏障；石崇用花椒粉涂屋内墙壁，王恺就用更名贵的赤石脂粉涂墙。

见舅舅总处下风，司马炎心里着急，就打算帮帮他，于是赐给他一株二尺多高的珊瑚树；石崇看见了，直接用铁如意把这株珊瑚树打碎了。王恺非常生气，认为是石崇嫉妒自己的宝物。石崇却不慌不忙，让人把家里的珊瑚树抬过来，这些珊瑚树中，高三四尺的就有六七株。石崇不紧不慢地说："不用生气，你随便挑吧！"

在当时，西晋攀比的风气竟然到了如此地步。当然，这样的现象和司马炎的所作所为脱不开干系。一个王朝以奢侈、攀比开局，也注定长久不了。

"无愁天子"欢乐多

在古代，当了皇帝就意味着有了至高无上的权力。如何使用这无限的权力，皇帝们的做法真可谓五花八门，有的皇帝用权力造福老百姓，让老百姓生活更好一点，有的皇帝则用权力来让自己的快乐更多一点。

您别说，只为自己着想，只为让自己快乐的皇帝还真不少，尤其以末代皇帝居多，比如陈后主、李后主等，但是比起北齐失国昏君高纬，他们可谓"小巫见大巫"了。

为啥呢？光看这位皇帝的外号——"无愁天子"就知道了。

高纬这个人有一些音乐天赋，喜欢弹琵琶，还亲自谱成了一首乐曲，起名为《无愁》。而且这位皇帝还把"独乐乐不如众乐乐"的精神发挥到了极致，他经常命人在大殿之上隆重演奏《无愁》之曲，有时候他还亲自上场，一边弹着琵琶，一边忘情地演唱，而周围跟着唱和的侍从、大臣多达几百人。

除了演奏音乐，高纬每天最重要的事情就是寻找快乐。高纬的花样很多，不仅对亲信大肆封官封爵，甚至还把喜欢的狗、马、猎鹰等禽兽封为官职，享受相应等级的俸禄。

有一次，高纬感到很无趣，正好他的哥哥南阳王高绰回京，他就问哥哥："你在封地都有什么快乐的事情啊？"

高绰和高纬一样，也是一个整天就知道吃喝玩乐的主，于是就兴奋地说："捉来许多蝎子放在盆中，再放进去一只猴子，看蝎子咬猴子，此人生一大乐事。"

高纬听完，一下子就来了兴趣，立即让人捉了许多蝎子放在澡盆里，然后叫来一名小太监，让他赤裸着身子躺在里面。这名小太监哪里受得了蝎子的毒针，被蜇得不停地喊叫。高纬听了则大笑不止，还责备高绰说："有这样快乐的事，为什么不早告诉我？"

高纬如此追求快乐的原因，用"上梁不正下梁歪"形容颇为合适。高纬的父亲武成帝高湛在世的时候就以骄奢淫逸著称。为此也增加了许多徭役和赋税，让下层官吏和百姓都苦不堪言。高纬即位后，更是继承了父亲奢侈过度的余风，还认为这是帝王理所应当的享受。

在高纬身边，围绕着一群奸佞的小人，比如和士开、高阿那肱、穆提婆、韩长鸾等人，他们勾结在一起，结党营私，大肆封赏亲信为官，甚至连奴婢、宦官、娼优等人都被封官晋爵。

当时的北齐，占有黄河下游流域的河北、河南、山东、山西以及苏北、皖北的广阔地区。农业、盐业、铁业都相当发达，"GDP（国内生产总值）"远超同一时期的南朝陈和北周。由于整天沉迷于享乐之中，再加上一群小人把持朝政，北齐的国力开始衰弱。

相比之下，北周的“GDP”正处于快速增长阶段，北周武帝宇文邕见北齐朝政腐败、民不聊生，便决定派兵讨伐。当时，高纬正和爱妃冯小怜在天池狩猎，告急的使者从早晨到中午来了三次，也没见到皇帝。那些奸佞侍从对使者说：“边境小小的军事行动，哪有皇上享乐重要，何必急着奏报。”

这位冯小怜正是高纬最宠爱的妃子，宠爱到什么程度呢？两个人是“坐则同席，出则并马”，甚至还发誓同生共死。

几天后，这位“无愁天子”才带着冯小怜出征，此时，北齐已经丢了好几座城池了。在后来的几次交战中，由于高纬指挥失误，北齐军节节败退，但高纬根本没有把胜败放在心上，还对朝臣说：“只要小怜没有受伤，就算战败又有什么关系呢！”

高纬带着残兵败将逃到了邺城，再往后几乎没有退路了，于是大臣们请求皇帝用重赏来征募战士，但是高纬却舍不得；大臣们又请求把宫中的珍宝赏给将士，高纬更不高兴了。无奈之下，大臣们只好再请高纬亲自去慰劳将士，还替他写好了文辞，说：“陛下一定要流着眼泪宣读，这样军心才能振奋起来。”

高纬点点头，走出来，看着士兵们狼狈的样子，内心突然升起一股快乐

的情绪，于是便大笑起来，左右的佞臣们也跟着笑起来。将士们见状肺都快气炸了，更别提打仗了。

不过，这位“无愁天子”的快乐也快到头了。不久，北周大军就攻破了邺城，高纬带着冯小怜准备投靠陈朝。而他的宠臣高阿那肱见高纬大势已去，便投降了北周，还打算捉住高纬来邀功，于是就派人告诉高纬说周兵还很远。高纬信以为真，于是放缓了脚步，结果在半路上被周兵捉住了，北齐也宣告灭亡。高纬被送往长安，第二年被赐死。

“虎爸”皇帝的悲哀

提到中国历史上的明君，李世民是绕不开的一个。我们常说的“秦皇汉武、唐宗宋祖”中的唐宗就是他，如果按功绩对历代皇帝进行排名的话，李世民完全可以跻身前五。

不过“金无赤金，人无完人”，对这位伟大的天子来说也是这样。他是一个合格的君主，但却不是一个合格的父亲。为什么这样说，看看他是怎么教育儿子的就知道了。

李世民一生共有十四个儿子，最喜欢的还要数长子李承乾了。如果说李承乾是含着金钥匙出生的，那真是一点儿也不假。李承乾出生的这一年，正好是他的爷爷李渊做皇帝的第二年。因为出生在承乾殿，因此他被爷爷赐名为李承乾。

都说隔代亲，这话一点儿都不假。李承乾刚满 1 岁的时候，就被爷爷封为恒山王；4 岁的时候，又被改封为中山王。

对于自己的第一个孩子，李世民也格外喜欢，他登上皇位没多久，就把李承乾立为太子，作为接班人来培养。有一次，李承乾生病了，李世民便专门下旨，请来高僧为李承乾祈福消灾。不久，李承乾病情痊愈，李世民非常高兴，特别赏赐给那个高僧很多财物以表示感谢。

宠爱归宠爱，李世民对李承乾的要求还是十分严厉的。在教育上，你别以为皇帝的育儿经多么不同凡响，实际上和常人的教子之法也差不多。虽然不至于是“棍棒政策”，但也信奉严师出高徒，为此，他派了许多当世名家来辅导太子。在这些老师之中，还有一位我们都熟悉的人，那就是魏征。

大家知道魏征这个人，多数是因为他敢于强谏的原因。李世民之所以成为明君，也和魏征的强谏有关。李世民特别欣赏这样的人，为此在为太子挑选老师的时候，也专门找这种性格的人。在李世民的眼里，老师的强谏，是一种负责任的表现，越能强谏，就是对太子越负责任。为此，李世民还专门下达命令，让教导太子的老师们敢于当面指出太子的错误，不能宽容。

对太子的教育问题，一直是老师头疼的事情。教育严厉了吧，担心太子当了皇帝后记仇；放任自流吧，当今皇帝又不满意，真是左右为难。但是，李世民给太子找的这些老师，个个都和魏征似的，铁面无私，毫不将就。

其中有一个老师，性情耿直，只要李承乾稍稍有点错误，就当众敲起锣，唯恐他人不知，让李承乾感到非常难堪。

而且，在老师批评完一遍后，李世民立马再进行“补刀”，这下子更让李承乾难堪了。面对严厉的父亲，李承乾变得越来越小心谨慎，甚至唯唯诺诺，但是在心里却是一百个不服气。而李世民呢，只知道给儿子找最好的老师，却忽略了他的内心感受。

后来，李承乾遇到了一个小乐童，两个人非常投缘，谈得非常开心，这让长期处于压抑环境中的李承乾有了精神寄托。于是他就把这个小乐童带到宫中，白天谈心，晚上共眠。

但是，这件事情后来被李世民知道了，十分生气，作为皇室儿女，怎么能做出如此伤风败德之事呢？于是也不听儿子解释，直接将那个小乐童处死了。

李承乾为此十分伤心，时常为小乐童哭泣，更对外声称有病而不上朝。在这种情况下，如果是现代师范学校毕业的老师，都会以劝导为主。只可惜唐朝没有这样的学校，太子的老师们都不是科班出身，哪里懂得这些。

更令人可气的是，这些老师不仅不加以安慰，反而劝谏得更厉害了。尤其是有一个叫张玄素的老师，劝谏得最为厉害。他的这种教育方式不但没有达到预期，反而被李承乾讨厌。最后，李承乾数次派人暗杀他，张玄素也几乎因此丧命。

当然，受到张玄素这样“待遇”的还大有人在，其中就包括一个叫于志宁的。有段时间，李承乾为了排遣怒气，下令取消仆人的假期。于是于志宁就进行劝谏，噼里啪啦说了一大通，直说得李承乾满脸通红。

在于志宁走后，李承乾越想越气，就暗中派刺客去刺杀于志宁。但这名刺客最终没忍心下手，于志宁便侥幸逃过一劫。

在这样的高压教育之下，李承乾越来越压抑。正如后来的鲁迅说的那样："不在沉默中爆发，就在沉默中灭亡。"最后，李承乾选择了前者，想像他的父亲李世民那样，通过政变来夺取皇位。但姜还是老的辣，李承乾哪里斗得过他的父亲，政变很快失败了，自己也被废掉了太子的身份。

李承乾就这样失败了，虽然他是一个失败者，但他的父亲李世民何尝不是一个"虎爸"教育的失败者呢。

赵匡胤"抄作业"的手段有多高

在今天的河南省封丘县的东南，有一个陈桥镇，名称来自该镇一座叫"陈桥"的桥。据说，这座桥始建于五代，后晋时期演变成陈桥村，后周时在这里设了驿站，成为开封以北第一个驿站。

陈桥本来是一个小小的地方，如果这里不是因为在公元960年发生了一件大事，恐怕永远不为世人所知。

当时正处于五代十国的战乱时期。那年春天，一支大军从京城开封出发来到陈桥。当时天色已晚，大军便就地驻扎。

这是后周的一支军队，将领名叫赵匡胤，官职是点检。这个职位虽没有宰相那样显赫，但掌握全国最精锐的部队，是皇帝的亲兵卫队，地位极其重要。

这支军队要干什么去？原来就在这一天，朝廷得到报告，说北汉和辽国的军队要联合南下，攻打后周，边境请求朝廷派兵援助。

当时在位的是年仅 7 岁的后周恭帝柴宗训。一个小孩子能懂得什么呢。最主要的辅政大臣是宰相范质和王溥，两个人也没有查证消息是否可靠，就急急忙忙地派赵匡胤带领全国的精锐部队前往迎战了。

当晚，赵匡胤的大帐里灯火通明，数名高级将领和谋士在里面不知道议论着什么，一直到很晚才散去。

第二天，劳累了一夜的赵匡胤正在沉睡，忽然被帐外的喧哗声惊醒了，他急忙穿好衣服走出帅帐，只见外面站满了将领。他们一见赵匡胤，一起高喊道：“诸将无主，愿推点检做天子。”然后，这些将领一拥而上，把赵匡胤拥进帅帐，一名将士拿着事先准备好的黄袍，一下子披在了赵匡胤身上。然后那些将领一起跪了下来，朝着赵匡胤大声喊着“万岁”。

赵匡胤显得非常镇定，先是推脱了一番，然后顺水推舟，接受了将领们的拥护。随后，在赵匡胤率军回朝后，柴宗训被迫禅让，赵匡胤登基，建立了大宋王朝。这就是历史上的“陈桥兵变”。

看似披上黄袍是被逼无奈，事实上，这场戏完全是赵匡胤自编自导自演的，契丹辽国来犯的消息是他让人捏造的，黄袍也是他让人制作的，披黄袍的细节更是他和众将一起商定的。

不过，他这个导演有些“水”，因为黄袍加身这个剧本早已被人导演过，而且赵匡胤还是演员之一，简直是赤裸裸地“抄作业”。

那时候，赵匡胤还是后汉大将郭威手下的一名将领。郭威曾跟随后汉高祖、开国皇帝刘知远南征北战，立下赫赫战功，成为开国功臣之一。后来刘知远死了，郭威便被升为枢密使，掌管着全国的兵权。

郭威虽然忠心耿耿，但是新皇帝刘承祐对他极为不信任。在亲信的怂恿下，新皇帝决定准备让人杀死郭威，不承想消息泄露，被郭威起兵“反杀”，连皇位带性命都没了。

后来，郭威也立了一个小皇帝。但是，他的心腹都担心，害怕小皇帝将来会搞个“秋后算账”，于是就对郭威说：“这个仇算是和姓刘的一家结下了，今后我们也不敢跟着他了。”

其实，心腹所说的也正是郭威所担心的，他想来想去，最后认定只有一种方法才能彻底解决所有的担心。

恰好这时，边境传来消息，契丹数万骑兵已经攻下数座城池，正向都城杀来。郭威得到消息后立即集合队伍火速出发。没走出多远，大军途经澶州便停下来休息。郭威刚坐下不久，就有数十名将领冲了出来，拉起郭威，不由分说地将一件黄袍披在了身上，然后集体一起跪在地上，高声喊着“万岁”。

郭威也推脱了几次，然后“无可奈何”地接受了黄袍，随后下令收兵回城，正式称帝，改国号“周”，史称后周。

而彼时，作为郭威手下的将领之一，赵匡胤也许就在旁边观看，或许也是将黄袍披在郭威身上的将领之一。更重要的是，这一场景深深地印在了他的脑海中。9年后，赵匡胤把这份“作业”拿出来，又照抄了一遍。

不过，赵匡胤不仅学习能力强，而且善于思考。抄完作业之后的赵匡胤又想，如果别人再抄我的“作业”怎么办？

这可不是一个小问题，他把自己的亲信赵普叫过来，装腔作势地说：“唐朝灭亡到现在才几十年，就换了十几个皇帝。老百姓深受改朝换代的苦，有什么好办法吗？”

赵普一下子就明白了赵匡胤的心思，不就是怕手握重兵的将领效仿你吗？于是他就说：“办法也只有一个，就是收回兵权。只有做到‘强干弱枝’，天下才能安定。”

这些话正好说到了赵匡胤的心坎上，他听完连说：“妙！妙！”

不久，赵匡胤摆下酒宴，宴请几位手握重兵的大将，并做了个钱权交易——用许诺荣华富贵换取了将领手中的权力，这就是历史上的“杯酒释兵权”。这还不够，还将地方上的兵权、财权等也架空了。

不得不说，赵匡胤是个学习小能手，不仅抄了“作业”，还防止了别人再次抄袭。不过，其中的弊端也很明显，造成了整个宋朝在军事上偏弱，成为周边国家欺负的对象。

元朝为啥没有“中兴”过

对喜欢中国历史的人来说，元朝的皇帝们颇无存在感，其中原因，一方面来自其汉译名字的拗口，另一方面来自这些皇帝在位的时间都比较短，且没有什么重要的作为。在这些皇帝中，除了开国皇帝忽必烈外，最有作为的可以说非元英宗硕德八剌莫属了。

元英宗在很小的时候就开始接受良好的教育，稍微长大一些，他就特别喜欢汉文化，对儒家经典也十分喜爱。他虽然生长在皇宫大内，但也经常时不时地深入民间，对老百姓的疾苦深有了解。

1320年，作为元朝第五位皇帝，元英宗登上大元朝皇帝宝座的时候，已经18岁了，虽然已经成年，但是却不能独自处理朝政，因为朝政大权全部掌控在自己的祖母、太皇太后答己手中。

答己可不是一般的人物，她很聪明，野心也很大，曾以皇太后身份辅佐过武宗、仁宗，也就是元英宗的伯父和父亲。后来，她发现年幼的元英宗非常儒雅，觉得很好控制，所以就建议元仁宗立他为皇太子。

这时候的大元帝国已经有了衰弱的迹象，但是掌权的答己却丝毫没意识到这一点，只想着如何掌控朝政，如何让自己活得更好。她最重用的一个人叫铁木迭儿。

铁木迭儿为人奸猾狡诈，权力心极重。他当了丞相后，仗着太皇太后给自己撑腰，作威作福，排斥异己，把朝中贤能的人都给赶走了，留下一批只会溜须拍马的小人。

元英宗对国力开始衰弱很是痛心，一心想振兴王朝，但他也明白，自己还不能和祖母抗衡，否则只能被废掉。

好在元英宗并不孤单，他有一个非常要好的朋友，名叫拜住。拜住也是贵族出身，祖上一直都是朝中的重臣，拜住天资聪明，博学多才，他的年龄和元英宗差不多，兴趣爱好相似，两个人经常在一起谋划，寻找机会夺取权力。

拜住认为，现在我们人单势孤，唯一能做的只有等待，因为答己、铁木迭儿虽然大权在握，但年龄都很大了，而自己却还非常年轻。

没错，时间就是一把杀猪刀，无论是帝王将相，还是贵族权臣，时间统统都会将你带走。

1322年，太皇太后答己和丞相铁木迭儿相继去世，元英宗终于迎来了自己的时代。

元英宗立即让拜住担任丞相，对国家进行了一系列的整顿，大规模重用汉人名儒，将老百姓的赋税减轻，最重要的一条，是约束贵族的权力。

元朝是蒙古人建立的王朝，忽必烈在位时，就确立了蒙古人高于其他民族的政治制度，目的就是在保护蒙古贵族的利益。后来，这种制度的弊端越来越明显，那些蒙古贵族“腐败”严重，整天无所事事却能从朝廷领取不少的俸禄，而且他们还贪得无厌，无限制地扩张自己的土地。这也是造成国家衰弱的一个重要原因。

元英宗亲政后，便拿这些贵族开刀，减少俸禄，只发给原来的三分之一；辞退无所事事、整天“摸鱼”的贵族；抄没贵族用不法方式得来的田宅和土地。

元英宗和拜住的“反腐”实施一段时间后，朝廷上下焕然一新，帝国逐渐恢复元气。但是，这些改革措施让那些蒙古贵族受不了了，心想，我们世世代代都吃香的喝辣的，怎么你一个小毛孩子当了皇帝，就让我们喝西北风啊！

这些人视元英宗、拜住为眼中钉，开始寻找机会进行报复。这时候，有人把铁木迭儿贪赃枉法的事情“抖”了出来，元英宗勃然大怒，虽然此时铁木迭儿已经死了，但是其党羽还在。于是，元英宗下令对追随铁木迭儿的党羽予以清理，凡是贪赃枉法的坚决处置。

这一“反腐”行动如狂风暴雨一般展开，之前跟随铁木迭儿的人都坐不住了，其中有一个叫铁失的人，他是铁木迭儿的干儿子之一，跟着铁木迭儿干了很多坏事。

不过，铁失还有个身份，就是元英宗的小舅子。正因有了这层关系，元英宗对他十分重视，把自己的亲兵卫队都交给他来管理。

铁失心中发虚，他知道元英宗铁面无私，担心自己也会受到处置，于是决定抢先下手。不久，就和一些失落的蒙古贵族达成一致——杀掉皇帝。

一次，元英宗和拜住外出回京，当来到京外三十里一个叫南坡店的地方时，将近傍晚，元英宗决定就地过夜。在帐篷里，元英宗正和拜住兴冲冲地谋划着国家的未来，在他们的眼中，国家中兴有望，但他们没想到的是，一场危险已经来临。

担任警卫的铁失认为这是一个绝佳的机会，于是就带着一群亡命之徒突然杀出，将毫无防备的元英宗和拜住双双杀死。

这个事件史称“南坡之变”。从此以后，大元王朝再没有出现有所作为的君主，国力更是一天天衰弱下去。而那一群希望自己能永葆荣华富贵的蒙古贵族也不会想到，真正断送了自己富贵日子的人正是他们自己。因为他们毁掉了元朝的最后一线希望，给自己提前修好了坟墓。

逼反宫女，这位皇帝究竟做了啥

在封建社会，皇帝把臣子、老百姓逼得造反的事情比比皆是。但是，在中国历史上，却有一位皇帝没有把臣子、老百姓逼得造反，却把身边的一群宫女逼反了，堪称是天下奇闻。

那么，这位皇帝到底是谁？又做了什么事情呢？

这位奇葩皇帝就是明朝的嘉靖皇帝、明世宗朱厚熜。这位皇帝在位45年，是明朝实际掌权最长的皇帝，也可以说是在明朝的皇帝中，运气最好的一个。

为啥这么说呢？本来嘉靖是与皇位无缘的。他的父亲朱祐杬不是皇帝，而是明孝宗（也称弘治皇帝）朱祐樘的弟弟，被封为兴献王，居住在湖广安陆，也就是现在的湖北省钟祥市。弘治皇帝死后，皇位传给了他的独生子，即明武宗朱厚照，也就是后来的正德皇帝。

正德皇帝也很奇葩，不喜欢处理政务，喜欢出宫，不是扮成将军带兵打打杀杀，就是化装成百姓，四处玩耍。而且他还风流成性，以致身子被掏空了，三十多岁就死了。

正德皇帝死的时候，一个孩子都没留下。但是天上不能没太阳，地上不能无皇帝，皇太后和朝廷的重臣们一商议，决定让他的堂弟朱厚熜继承皇位。

得到这个消息，朱厚熜肯定是先感谢了一下自己的老祖宗，积下了这么大的德行才让自己捡了个大便宜。随后，他立即动身赶往北京城，生怕这好事变成一场空欢喜。

14 岁的他当了皇帝后，嘉靖自以为大权在握，说一不二，但是他想错了，他下达的命令，必须要朝中的重臣们同意后才能执行，就连想把自己的父亲请进太庙都几经波折。

钉子碰多了，嘉靖的棱角也被磨平了，而且还走向了相反的道路，开始沉迷于享乐之中，迷信丹药方术，对朝政大事也不在乎了。

在嘉靖的三千后宫中，他最宠爱一个姓曹的女子，将其封为端妃。端妃长得非常漂亮，嘉靖几乎每日都要到端妃的宫中嬉笑玩乐。

嘉靖二十一年十月的一天，嘉靖又来到端妃的宫中，与她喝酒嬉戏。后来，嘉靖有些醉意，就躺在床上睡着了。端妃也不敢随便惊扰，就悄悄地出去了。

嘉靖和端妃没想到的是，刚才他们的一举一动被几名宫女看在眼里。等端妃出去后，有十几名宫女迅速地来到了嘉靖睡觉的房间。这些宫女一起动手，将熟睡中的嘉靖皇帝死死地按在床上。随后，一个叫杨金英的宫女拿出绳子，套在了嘉靖的脖子上，然后死死地勒住。

早已经醉得不省人事的嘉靖哪有还手之力，只能躺在那里任由他人摆布。正如前面所说的，这位嘉靖皇帝的运气就是好，在这生死关头，他又得到了命运女神的青睐。

这群宫女平时哪里做过这样的事情，由于紧张，杨金英把绳子系成了死扣，怎么也收不紧。这时候，一个叫张金莲的宫女突然害怕起来，她看皇帝还没被勒死，害怕自己受到牵连，于是偷偷地跑了出去，告诉了方皇后。

在封建社会有个不成文的规矩，就是皇后管理后宫。方皇后听完差点吓死过去，虽然说自己被皇帝冷落，但她明白，如果嘉靖出了事，自己皇后的位子也没了。

方皇后马上反应过来，立刻带着一群太监赶了过去，把还正在“作案”的宫女们全部抓了起来。

这时候，一名太监告诉方皇后，眼前有一件好事和一件坏事。好事是皇帝还活着，坏事是醒不了。方皇后赶紧让人把所有的御医都找来了，但御医们你看我我看你，谁也不敢冒这个风险。

方皇后急了，随手指向一名名叫许绅的御医，让他务必救活皇帝。被逼无奈的许绅只好开了一服猛药，嘉靖服下后终于坐了起来，但仍然说不出话来。

方皇后看嘉靖醒了，也就不再搭理，而是开始审讯杨金英等人。在死死逼问之下，宫女们终于说出了想杀死皇帝的原因。

到底是什么深仇大恨呢？原来这位嘉靖帝尝到了当皇帝的乐趣，便梦想着让自己长生不老，永远享乐下去。后来，他不知道从哪儿得来一个妙方，用未婚女子的经血来炼丹效果奇佳。

嘉靖很高兴，下令征召十三四岁的宫女，命方士利用她们的经血来制丹药。

然而，这位嘉靖皇帝的做法实在有些变态。为保持经血的洁净，他下令，不让这些宫女吃饭，而每天只能吃桑叶、饮露水。那种摧残和侮辱可以说超过了人的极限，所有被征召的宫女都痛苦不堪。杨金英等宫女决定反抗，于是发生了勒杀嘉靖的事件。这件事发生在1542年（壬寅年），被史书称为“壬寅宫变”。

正所谓“一朝被蛇咬，十年怕井绳”，这件事对嘉靖影响甚大，病好之后，他就搬进了城西苑的永寿宫，再也没有在紫禁城的寝宫睡过觉。

一封信竟能亡了大明朝

提到明朝的皇帝，真是各有千秋，有的贤明，有的昏庸；有的放荡不羁，有的墨守成规。不过，面对明朝那些皇帝，人们更多的是想起“天子守国门，君王死社稷”的说法。整体来看，明朝的每个皇帝都很有骨气，从没有做过丧权辱国的事情。哪怕是明英宗攻打瓦剌，被对方俘虏后也没有屈膝投降，更没有签订什么割让土地、赔款等条约。

最让人们赞许的还是末代崇祯帝，面对城破亡国的局面，既不投降，也不逃走，而是选择了一棵歪脖树，“自挂东南枝”。

不过，崇祯“自挂”的结果并不代表没有和谈过，只不过因为一封密信的泄露而使和谈失败，同时也让明朝丧失了喘息的机会，导致了国家的灭亡。

崇祯帝刚登上皇位的时候，可谓志得意满，为自己立了一个“千古明君”的人设，不仅要平定四方，还要开创一个太平盛世。

按现在的话说，真是理想很丰满，现实很骨感。与其他朝代亡国不同，纵览中国历史，无论是强大的汉朝、唐朝，还是短命的秦朝、隋朝，其灭亡的原因都是来自内部的农民军起义，而明朝却不同，不仅要面对国内的农民军起义，还要面对强大的外部势力——后金，也就是后来的大清王朝。

最初的时候，明朝凭借老祖宗留下来的家底，还能同时两线作战，但后来就明显乏力。后金和李自成、张献忠的军队越打越多，兵力越来越强，而自己手下的士兵却越打越少，能控制的地盘也越来越少，甚至连在安徽的祖坟都没保住。

这时候，战争的天平早已倒向了后金和李自成，崇祯也不是糊涂蛋，虽然自高自大，但也有自知之明。

在位14年的时候，崇祯发现情况越来越不妙。李自成已经攻占了洛阳，准备攻打开封；清军围困了锦州，并将河北和辽宁的军政长官洪承畴率领的十三万援军分割包围在松山一带，眼看就有全军覆没的危险。

在这种危急的局势下，崇祯真是六神无主了，这种腹背受敌的情况太危险了，赶紧和谈一个再集中对付另一个。也许是上天怜悯这个末代皇帝吧，还专门给了他个机会。他从兵部尚书陈新甲那里得知，皇太极有和谈的意愿。

为啥皇太极想和明朝议和呢？其实皇太极当时也是麻秆打狼——两头害怕。虽然大明朝的江山风雨飘摇，但是瘦死的骆驼比马大，就凭满洲族这几十万人，能否占领这么大的土地难以保证，不如先保住东北这片土地再说。

而且，皇太极开出的“股权转让”条件极为诚恳，主要就是打开国门，开放市场，允许两国之间进行贸易往来，“每岁贵国馈黄金万两、银百万两；我国馈人参千斤、貂皮千张”，双方“以宁远双树堡中间土岭为贵国界，以塔山为我国界。”

从贸易角度来说，大明朝确实有点儿吃亏；从政治上来说，也有卖国的嫌疑。但是，当时的形势是，即使大明国不承认，清国已经事实存在了。暂时吃点亏，能够集中兵力对付李自成和张献忠，先续一波命，等满血复活之后，再图辽东，就当时来看，这才是上策。

崇祯虽然一百个不愿意，但他也不是死脑筋，明白轻重缓急，于是便让陈新甲赶紧和皇太极谈判。同时他也特别嘱咐陈新甲，一定要保密。

为啥崇祯帝这样做呢？原来在这之前，他已经在朝臣和国人面前立了一个人设——坚决不做亡国之君，不和敌人做任何谈判。而且当时的朝中大臣们个个也都表现出忠贞的样子，但是，坏事就坏事在陈新甲身上，这么一封重要的议和信却被他随手放在了桌子上，然后就离开了。不一会儿，他的小仆人进来了，看见这封信，以为是紧急军事文书，将该密件拿出去交人抄写，分发给了相关重要朝臣。

陈新甲万万没想到，皇帝千叮咛万嘱咐的事情一下子就在朝廷内外传开了，大家议论纷纷，弄得崇祯好生下不来台，这件事和之前的人设相对比，也太打脸了。

这件事对于那些平日里夸夸其谈的大臣来说，真是一个沽名钓誉的好机会。他们一个个争前恐后，痛斥这种卖国行为，实际上是在显示自己多么伟大、多么崇高、多么忠君爱国，却丝毫没考虑现在国家的形势。

崇祯最后没办法了，大臣中连一个替自己说句话的都没有，只好叹了口气，将陈新甲处死。就这样，和皇太极和谈的窗口关上了，大明朝最后一个重获新生的机会失去了。

不久，李自成攻破了北京，崇祯自杀，明朝灭亡了。

康熙是如何练成“学霸”的

如果把我国历朝历代的皇帝放到一起组成一个班级，康熙被选为学习委员那肯定是妥妥的事情。这位清朝的皇帝不仅在位时间最长，而且非常博学，知识非常丰富。如果给历代皇帝安排一场考试，无论是文科还是理科，康熙肯定都能排名前三。

对于这一点，康熙也非常自信。他曾说自己学习算术、天文、地理“靡不详究”。这句话就是说，自己对数学、天文、地理等都有深入的研究。如果康熙穿越到现代读高中，肯定各科都是“A”，也一定会被冠以“学霸”的美名。

文学自然不必说了，他将儒学作为治国之本，从小就熟读四书五经，有很高的文学素养，往往能出口成章、言而成赋，也有很多书法和诗作流传至今。

再看数学。纵观历朝历代所有皇帝，康熙的数学水平当属第一。在代数方面，“元”“次”“根”这些数学术语的中文称法就是由康熙定下来的。另外，康熙根据自己的所学，还写了一篇论文，名叫《御制三角形推算法》，这可是历朝历代帝王都做不到的。在几何方面，康熙也颇有成就，在《积求勾股法》一文中，康熙论述了五种求解直角三角形的解法，而其中的“积求勾股法”就是他的独创。

不仅如此，康熙还是我国跨学科研究的先驱，他把自己在数学上的所学应用到了天文学上，能够用各种仪器测定经度和纬度以及天象。在他的指导下，学者们用当时世界上最先进的梯形投影技术绘制了当时最精确的大清地图，康熙亲题《皇舆全览图》。

《皇舆全览图》是康熙时期中西方测绘专家一同采用三角测量方法绘制的我国第一幅实测地图。

英国科学史家李约瑟赞誉《皇舆全览图》不但是亚洲当时所有地图中最好的一幅，而且比当时的所有欧洲地图都更好、更准确。

在其他学科上，康熙的成绩也非常不错。比如他研究语言学有二十多年，也很有成就，达到什么程度呢？即便他没去过的地方，也知道当地人的口音如何，很厉害吧！

在地理学方面，康熙仔细研究过古今山川的名号，哪怕是边境荒野的地方，他也要查找书籍进行考证。

在生物学方面，康熙的兴趣更高。有一次，他外出巡视农田的时候，意外发现了一棵特别高的水稻，感到非常惊奇，于是等水稻成熟之后，特意把这棵水稻的种子保留了下来。到了第二年，他就把这些种子种下。就这样往复几年，经过几代种子培育，最终培育出一个新品种，这种稻米色泽微红，颗粒较长，而且口感也不错。康熙就将这种稻米称为“御稻米”或“御稻种”。

把以上这些成绩拿出去，别说在古代和那些帝王相比，就是放在今天，也足以碾压许多高才生。不过大家也好奇，作为一个皇帝，肯定是日理万机，康熙是如何学到这些知识的呢？

唐朝的韩愈曾经说过："书山有路勤为径，学海无涯苦作舟。"实际上，对于学习，无论对天子帝王也好，对于高才生也好，要想取得好成绩，勤奋是必不可少的要素。

这个道理也许大家都懂，古代的大部分皇帝也懂，不过他们大多和现在的许多家长一样，只会教育子女要努力、勤奋，而把自己排除在外。康熙就不同了，不光教育子女，而且自己还以身作则。

不信，你看看康熙的作息时间表吧。在早上5点左右，康熙就起床了，洗漱之后先学习一下先贤的治国经验，然后才去吃早餐。吃完早餐后，就上早朝，和大臣们商议重要的事情。11点到下午2点是午餐和休息时间，但这段时间依然会处理公务或看书、学习。下午2点到5点，又是公务时间。晚上7点到9点，做些祭祀工作后，又是学习。时间安排得如此紧张，康熙一度积劳成疾，"痰中带血"，但即便如此，他也没有停止学习。

除了勤奋，康熙还有一套自己的学习方法论，讲究“读书”“讲论”“思虑”“行事”四位一体。他解释说，“读书”的好处是多，“讲论”的好处是快，“思虑”的好处是深，“行事”的好处是实。

也就是说，要想知识面广，就要多读书；要想快速掌握知识点，就得总结，提炼中心论点；要想深入学习，就必须善于思考；要想把知识掌握得更扎实、更牢固，就要把知识在具体实践中加以应用。

怎么样？这套理论即使放在现在，也足以适用。而在数百年前，康熙就能够总结出这样的方法，不成为“学霸”都难。

第二章

战争传奇

活着就为征服世界

魏国凭啥能吊打秦国

猜猜看，齐楚燕韩赵魏秦，战国七雄哪国的军队最能打？

许多人一定会说，肯定是秦国。因为其余几个国家最后都被秦国消灭了，以一敌六，军队能不厉害吗？

这样说也没错，不过，有一段时间，秦国的军队曾被魏国的军队打得根本没有还手之力。

魏国的军队真有这么“牛”？没错，这可不是他们自负，他们还真有这资本。

如果把战国的统一过程看作一场长跑的话，笑到最后的是秦国，但刚起跑的时候，一直处于领跑地位的可不是秦国，也不是齐国、楚国这些大国，而是并不起眼的魏国。

那时候，魏文侯积极落实“两手都要硬”的方针，一手抓政治，推行变法，奖励耕战，使魏国从奴隶社会大踏步迈向了封建社会；一手抓军事，重用吴起，打造了一支空前强大的重装步兵部队——魏武卒。

魏武卒的战绩可不是吹嘘出来的。想当年，吴起率领魏武卒南征北战，创下了“大战七十二，全胜六十四，其余均解”的奇功伟绩。也就是说，光是大战争就打了七十二次，胜利六十四，其余是平局。对魏武卒来说，就不知道“失败”两个字怎么写。

对魏国来说，魏武卒最重要的作用还是用来对付秦国。

那时候的魏国，就像刚刚进入青春期的男孩子一样，由原来瘦巴巴一下子变得又高又壮了，在荷尔蒙激素的影响下，也变得非常好斗，时不时地挑衅一下秦国。

秦国和魏国是邻居，有一段边界是以黄河来划分的。在黄河西边有一块土地名叫西河，这块肥沃的土地让魏文侯很是眼馋，于是他就让吴起去把这块“肥肉”从秦国的嘴里抢过来。这种行动在别人看来就是从老虎嘴里抢吃的，但吴起却不以为意，带着魏武卒，不但一举夺走了黄河西岸五百多里的肥沃土地，连函谷关都一度被魏武卒攻下，大致就是从现在陕西的渭南一带打到了河南的灵宝一带。

更厉害的是，有一次，秦国不甘心失败，派出了五十万大军攻打魏国，大有一举踏平魏国之势。但没想到碰上了硬茬，吴起毫不示弱，带着以魏武卒为核心的五万步兵、三千骑兵迎战。

战争的结果更是出人意料，吴起仅靠着几万人的兵力，不仅把秦国五十万人打得满地找牙，甚至几乎把秦国逼到了灭国的边缘。

为啥魏武卒这么厉害，先看看人家是怎么训练的吧。这样你就不会怀疑他们的战绩了。

现代军队讲究“训练多流一点汗，战场少流一滴血”，早在两千多年前，吴起就把这句话应用到了训练之中。

为了打造这支精锐部队，吴起让魏武卒做着高强度的训练：每个士兵都身着三重重甲，背上五十支长箭和一张硬弩，手持长矛一支，腰佩长剑一把，再背负三天的口粮，在半日内强行军一百里。光这样还不算，在高强度的训练结束后，还要立刻进行实战训练。这程度绝对不亚于现代特种兵的训练强度。

这些可不是胡说，与吴起几乎同时代的大哲学家荀子就将其写进了自己的书中：“衣三属之甲，操十二石之弩，负矢五十，置戈其上，冠胄带剑，赢三日之粮，日中而趋百里。”

能够完成这样苛刻训练的士兵该是何等的彪悍，绝对是冷兵器时代的兵王。当然，对于能入选的战士，国家也给予了高标准的待遇。

当时魏国的法律规定：魏国士兵一旦能够入选武卒，不仅会免除全家人的徭役赋税，还赠以田宅土地。同时，魏武卒如果在战斗中立了功，还可以凭借军功获取爵位，享受更好的物质待遇。

用现代话说，魏武卒是一支具有良好身体素质、精良武器装备、军事技能过硬的职业军队。

在当时，兵力最强的是齐国，其所训练的技击兵也是天下闻名，可在荀子的眼中，齐国技击兵遇到魏武卒就好比鸡蛋和石头碰撞，“齐之技击不可遇魏氏之武卒……遇之者，若焦熬投石焉。”魏武卒的战斗力可见一斑。

有了魏武卒这支强军，魏国在魏文侯、魏武侯时期可谓是当之无愧的中原霸主。但遗憾的是，一个偌大的魏国竟然容不下吴起。在嫉贤妒能的大臣们的迫害下，吴起只好远走他乡，魏武卒也因此变得群龙无首，每况愈下。

魏武侯去世后，魏惠王即位，这位缺乏政治远见的君主奉行四面出击、全面交恶的外交政策，与周边相邻强国同时开战，以至于先后有桂陵之战和马陵之战的惨败，魏武卒中富有战斗经验的老兵逐渐消耗殆尽。

祸不单行的是，“老冤家”秦国通过变法一天天强大起来，不久从魏国手中夺回了河西。而经济窘迫的魏国再也无力重建精锐的魏武卒，一支强悍的部队就这样遗憾地退出了历史舞台。

卫青竟靠“老古董”取胜

对于汉朝名将卫青，历史上的评价很高，自古论兵，有“孙吴白韩，颇牧卫霍”的说法，也就是孙武、吴起、白起、韩信、廉颇、李牧、卫青、霍去病八个人。宋代抗金名将岳飞曾称赞道：“卫青、霍去病，将之典范，吾当效之。”

纵观卫青的战史，一生七次率兵出击匈奴，每次均以大胜归来。其中，最著名的一战是漠北大战。在那次战斗中，卫青一举击溃了匈奴的主力军，重创了匈奴势力，从此“匈奴远遁，而漠南无王庭”，危害汉朝百余年的边患基本得到解决。

当时，为了击败匈奴，雄才大略而又颇具战略眼光的汉武帝大力发展骑兵，而且提拔了卫青等将领。他先让卫青等人带领骑兵，小规模地和匈奴打了几仗，觉得效果不错，便有了战胜匈奴的决心。

公元前 119 年，汉武帝为了彻底解决匈奴问题，决定来一次大规模的军事行动，派出卫青和霍去病各率领五万骑兵孤军深入漠北，分别从定襄（今内蒙古和林格尔）、代郡（今河北蔚县）出发，寻歼匈奴主力，展开战略大决战。

在这一次的战斗中，霍去病一路进展十分顺利，轻松地击败了匈奴左贤王，还率领将士在狼居胥山举行祭天典礼，在精神上对匈奴予以沉重一击。

相对来说，卫青这一战打得异常艰难，因为他遇到了匈奴的主力部队。“见单于兵陈而待”，卫青想了想，如果选择硬碰硬，以骑兵对骑兵，胜算并不大。

怎么办呢？卫青眼前一亮，把目光瞄向了一辆辆的战车，心想：就是它了。

在汉朝以前，我国战法也几经更新，最早是步兵为王，拼的是人数；商朝之后，战车为王，笨重但威力巨大，相当于现代战争中的坦克、装甲车；战国时期，赵武灵王实行胡服骑射，骑兵开始称雄，凭借迅猛而灵活，成为当时各国乃至后来各朝代发展的趋势，而战车逐渐被淘汰，到汉朝时已经成了老古董。

不过，这次卫青带来的战车并非古代传统意义上的战车，它还有一个名字，叫“武刚车”。

史料记载，武刚车长两丈，宽一丈四，如果换算成现代单位，大概是长4.5米，宽3米多，和现代普通的家用轿车尺寸差不多。

不过，和商周时期的传统战车相比，可以说是区别巨大。卫青改良后的武刚车不仅能用于作战，还能够运送粮草和武器装备等，为前线士兵提供补给。而这次远离国土作战，在茫茫大漠中运送粮草颇为不易，而武刚车正好解决了问题。

同时，为了作战，武刚车的车身上都包着牛皮等，立上盾牌可用于防护。

为了方便射箭，有的武刚车上还开有射击孔，弓箭手能以武刚车上的盾牌为掩护对敌人进行射击。

面对匈奴的精锐骑兵，卫青决定使用武刚车。史书记载：

《史记·卫将军骠骑列传》 搜索一下 你全知道

“于是大将军（卫青）令武刚车自环为营，而纵五千骑往当匈奴。”

翻译过来就是：大将军卫青让武刚车一辆挨着一辆排列起来，形成一个坚固的堡垒，当匈奴骑兵冲杀过来的时候，汉军就以武刚车为掩体，向匈奴骑兵射箭。同时，五千骑兵作为机动部队，攻打匈奴。

按现代化术语来说，这就是一个集攻防为一体的大阵。在武刚车的掩护下，匈奴单于的骑兵虽然多，但始终无法击败卫青的主力部队。

就这样，两军一直从黎明战到黄昏，杀得难分难解。在太阳快落山的时候，突然刮起大风，飞沙走石，两军分不清你我了。卫青见状，立即将骑兵分成两路，从左右两翼进行迂回包抄。匈奴的伊稚斜单于措手不及，发现打了一天，汉军还有精力发起冲锋，他深知再打下去会吃亏，于是就趁着黑夜，跨上一匹千里马，率领一百多个骑兵杀出重围，向西北方逃走。

单于逃走，匈奴军群龙无首，乱作一团，卫青乘势追击，斩杀和俘虏敌人近两万人。

随后，卫青继续挥师挺进，一直打到了寘颜山的赵信城，缴获了匈奴囤积在那里的大批粮食和军用物资。卫青让士兵在那里休整一天后，然后放火烧毁赵信城后班师回国。

漠北之战让卫青的威望达到了顶点，汉武帝封他为“大司马”，成为国家军队的最高领导。可以说，如果没有武刚车，卫青的骑兵很难“刚”过匈奴骑兵，漠北之战胜负也将难料。

对于卫青武对刚车的使用，宋朝抗金名将岳飞也称赞道：“战法革新破匈奴，卫青始。”

谁才是赤壁之战的幕后操盘手

公元 208 年，曹操基本统一北方后，又挥师南下，想一鼓作气统一全国，但在赤壁被刘备、孙权联军击败，统一大业成为泡影。

赤壁之战，是中国历史上以少胜多的著名战役之一，也是中国历史上第一次在长江流域进行的大规模江河作战，标志着中国军事政治中心不再限于黄河流域。

如果针对这场战役出道选择题：

你认为在这场战争中，谁的影响力最大？（　　）

A.刘备
B.孙权
C.诸葛亮
D.周瑜

你可能犯难了，因为这几个人在这场战役中都发挥了重要作用，各有千秋，很难比较。其实，这道题还有一个选项——E. 鲁肃，这恐怕才是最好的答案。

人们印象中的鲁肃很老实，被刘备和诸葛亮耍得团团转，实际上鲁肃的智谋、格局都不亚于诸葛亮。诸葛亮最为人称道的能力就是未出茅庐而谋定三分天下，也就是后来传颂已久的“隆中对”。实际上，在诸葛亮之前，鲁肃也有个“东吴版”隆中对。

那还是鲁肃第一次见孙权的时候，他对孙权说：“为将军计，惟有鼎足江东，以观天下之衅。规模如此，亦自无嫌。何者？北方诚多务也。因其多务，剿除黄祖，进伐刘表，竟长江所极，据而有之，然后建号帝王以图天下，此高帝之业也。”

简单来说，鲁肃建议孙权分三步走。第一步，先巩固好江东这块地盘；第二步，趁着北方中原混战之际，吞并荆州；第三步，出兵北伐，统一全国。

孙权对这个计策也很满意，只不过有些事情出乎他们的预料：曹操竟能以少胜多，取得了官渡之战的胜利，迅速统一了中原地区，正在厉兵秣马，准备南下一统全国，而且刘表又突然去世了。

鲁肃听到刘表去世的消息，立即向孙权建议说："荆州江山险固，如果我们能占领荆州，您就拥有了帝王的基业。现在刘表死了，荆州面临两种情况：一种是内部上下团结，这样的话，我们就应该和他们友好相处；如果他们内部离心离德，我们就可以乘机将荆州占据。"

同时，鲁肃还提到："现在寄居在荆州的刘备是当今的英雄，我们可以和他联手，共同对付曹操。"孙权深表赞同，立即派鲁肃去荆州。但是，刚走到半路他就得到消息，刘表的儿子已经投降了曹操，而刘备也吃了败仗向南撤退。

鲁肃便直接去见刘备，在当阳的长坂与他相会，寒暄了之后，就问刘备有什么打算。

刘备说："苍梧郡太守吴巨是我的老朋友，打算去投奔他。"

鲁肃说："我们的孙权将军敬重优待贤能之士，江南的英雄豪杰都归附于他，而且兵精粮多，足以成就一番事业。如今我为您打算，最好是派遣心腹之人到江东与孙权将军联系，可以共建大业。而吴巨不过是个凡夫俗子，怎么值得托身呢？"

刘备听了非常高兴，就派诸葛亮和鲁肃一起去见孙权。这时，曹操的带有威胁的劝降信已经送到了东吴，孙权就让群臣讨论，东吴的群臣们都吓坏了，纷纷主张投降。

诸葛亮谋略过人，他见孙权在对抗曹操的事情上还犹犹豫豫的，就索性使出激将法，坚定了孙权的决心。随后，鲁肃还补了一刀，说："像我鲁肃这样的人可以投降曹操，但将军却不可以。为什么这样说呢？现在我投降曹操，曹操一定会封我一个官职。可是将军您投降曹操，打算到哪里安身呢？"

孙权听完，长叹一声说："这些人的说法，太让我失望了。如今，你的策略正与我想的一样。"

鲁肃非常高兴，便建议孙权把周瑜叫回来，共同商议抗曹策略。要知道，孙策在临死前将东吴的大权交给孙权的时候，特别交代：如果外事不决就问周瑜。此时，周瑜正在外地练兵，他回来后，一番分析，更坚定了孙权抗曹的决心，同时还定下了抗曹的计策。

于是，孙权任命周瑜、程普为左、右督，率兵与刘备合力迎战曹操；又任命鲁肃为赞军校尉，协助筹划战略。由此，赤壁决战正式拉开了序幕。

试想一下，如果没有鲁肃的主动，刘备可能找不到与孙权联合的“媒人”，孙刘联军则无从谈起；当时东吴实力相对强大，孙权根本看不上刘备的残兵败将，所以他也不会主动去联合刘备，更别提心高气傲的周瑜了。诸葛亮有谋略、有眼光，或许能找到和孙权联合的办法，但以“弱者”的地位去结交“强者”，难度可想而知，也许还未形成联军，就已经被曹操各个击破。

不得不说，在赤壁之战这场战役中，鲁肃当之无愧地起到了操盘手的作用。

一战灭国，铁甲连环马到底多厉害

为什么当前每个发达国家对军事科技方面的投入都非常大，原因很简单，那就是有时候，先进的武器和装备能够在战场上起到非常重要的作用，甚至是决定性的作用。

一个最简单的例子就是原子弹的研制成功。尽管现在有人对这个武器颇有微词，但也不能否认，原子弹间接导致了日本帝国的投降，加速了二战结束的进程。

这个道理不要说现代人，就是古代人也懂，比如说弩的发明，杀伤力是普通弓箭数百倍。另外，我们的祖先们也不断进行军事改良，这也是增强战斗力的一种方式。比如说战国时期，赵武灵王推行的“胡服骑射”，就让赵国的军事实力上了一个档次。当然还有我们现在要谈的铁甲连环马。

说到铁甲连环马，你可能嗤之以鼻，不就是被岳家军消灭的那个部队吗？还有在《水浒传》中，不也曾被梁山好汉打得落花流水吗？没错，这是一个事实，但你不知道的是，这个强大的方阵在刚出现的时候，曾经灭亡了一个国家。

公元265年，晋朝建立，但是不久，因为皇室内部争权夺势，最终导致了国家的衰弱。这时候，生活在晋朝北部的游牧民族开始虎视眈眈，蜂拥南下，灭亡了晋朝，建立大大小小十几个政权。这些国家相互争斗，我国北方陷入了一片混乱。

这些国家中，有一个被称为后赵的国家。有一次，后赵皇帝石虎俘虏了一个12岁的汉人冉良，非常喜欢，就收为养子。后来，冉良又有了自己的孩子，取名叫冉闵。史书记载，冉闵“身长八尺，善谋策，勇力绝人”，他从小就随军作战，十分勇猛，后人还把他与西楚霸王项羽作比，冠以“战神”的美誉，因此也备受石虎的疼爱、重用。

冉闵因为战功显赫而位高权重，石虎死后，后来的几个皇帝都很害怕冉闵，生怕他造反，甚至想设计将其杀死。不料事情败露，冉闵一怒之下，起兵造反，灭亡了后赵，自己称帝，国号为“魏”，史称冉魏。

这时候在我国北方，除了冉魏，还有几个政权，其中最强大的是慕容家族建立的前燕。前燕的皇帝野心勃勃，就派大将慕容恪去攻打冉闵。

当时，前燕实力强大，兵多将广，粮草充足，相对而言，冉魏就弱了很多。所以，大臣就向冉闵建议：“鲜卑乘胜气势强盛，彼众我寡，不如且避其锋芒，俟其骄惰，益兵击之。”

谁知冉闵竟勃然大怒，说：“我正打算带着你们去平定幽州（现在的北京，当时前燕的都城）呢，现在慕容恪来了，我不仅不去应战，反而还要躲避，这不是让天下人笑话吗？”

冉闵根本听不进劝告，立即带兵出发了，与慕容恪在魏昌城相遇了。不过，话也得分谁说，同一句话，有人说就是吹牛，有人说可能还是谦虚，冉闵就是后者。双方相遇后，先后打了十次，都是以冉闵胜利而结束。

慕容恪巡营时发现，燕军将士们士气低落，都对冉闵产生了畏惧心理，他心里非常着急，这样下去恐怕要全军覆没啊！

慕容恪坐在大帐里想来想去，也想不出破敌之法，而且他发现，冉闵已经在山林中修筑好了工事。冉闵手下多是步兵，在山林里作战，那可是进退自如，游刃有余。而燕军多是骑兵，如果进入山林作战，完全发挥不出优势，这仗可就更难打了。这样一想，慕容恪更着急了。

不过，慕容恪毕竟是当时少有的名将，很快，一个大胆的作战计划就产生了。他先找好一个宽阔的平地，让五千骑兵分成小组，每个小组的战马用铁链连接起来，组成骑兵连环马方阵，作战任务就是保卫大本营——敌远来则射之，近身则肉搏。同时连环马阵左右两翼设置重兵，埋伏起来。

然后，慕容恪说："冉军性轻锐，欺我软弱，知我中军所在，必欲置我于死地。我设连环马阵，以中军诱之，彼必全力取我中军，俟其合军，你等从旁全力击之，定可生擒冉闵！"

也就说，引诱冉闵来攻打自己的中军，但是用铁甲连环马来守卫，让对方不能前进一步。而后，两翼的重兵杀出，这样一定能够生擒冉闵。

也正如他所料，冉闵发现了慕容恪的指挥中心后，立即率领主力发动进攻，心想，凭借十战十胜的战绩，这次也一定能成功。

但是这次他想错了。正在魏军全力攻向燕中军时，冉闵发现前方突然出现了数千骑兵，远远地朝他们射箭。但是冉闵一点都不害怕，因为之前早已经和燕国的骑兵交过手了，他们根本禁不起自己军队的冲锋。

然而，燕军这次没有落荒而逃，这令冉闵很是奇怪。等魏军攻击到近前，他才恍然大悟，原来这些战马都用铁链锁了起来，很难转身。而且，这些从人到战马全副武装起来的连环马方阵如同堡垒一般，让冉闵无法前进半步。

正当冉闵着急的时候，忽然发现战场两边突然出现了许多燕军，自己被团团包围了。冉闵这才知道连环马的厉害，他立即下令突围。但为时已晚，冉闵左砍右杀，也杀不出铁甲军的包围，最终被燕军俘虏，不久又被杀害。冉闵死后，他所建立的冉魏政权也正式宣告结束，一个国家就此消失在历史的长河之中。

慕容恪正是凭借这种天才式的战法，将铁甲连环马的威力发挥到极致，将"勇力绝人，攻战无前"的战神冉闵彻底打败，并灭亡了一个国家。

传错命令也能打胜仗

无论是古代还是现代，在军事战争中都强调“军令如山”，因为这是保证战争胜利的基础。不过也有例外，偏偏有的战争因为“违背”命令而打胜仗的。

这件匪夷所思的战事发生在东晋时期。当时，我国北方的大部地区，基本被几个游牧民族建立的王朝统治着，东晋王朝偏安在东南，勉强维持的政权。不过，南方也不完全归东晋管辖，因为在巴蜀一带，还存在着一个成汉政权。

巴蜀一带大致就是现在的四川地区，这里位于长江的上游，如果出动水军的话，就能顺江而下，势如破竹。晋王朝就是以这种方式灭亡东吴的。所以在地理位置上，东晋王朝处于绝对的劣势。

曾经，刘邦以蜀地为根据地，最后统一了全国；刘备也曾割据蜀地，成就了一番霸业。

实际上，对于成汉这个心腹大患，东晋从建国开始，就开始讨论讨伐的事情了。不过，朝臣们大多数都不思进取，既担心四川易守难攻，又担心北方政权乘虚南下。

这时候，大将桓温被派往荆州镇守。他发现成汉政权的统治者们荒淫无道，便打算出兵讨伐。当他的奏折送到都城时，没想到这次朝中大臣的意见竟然出奇一致：反对！至于理由，无非就是老生常谈——国力不允许！

然而，面对压倒性的投票结果，桓温根本不去辩驳，而是我行我素，做着出征的准备。

为啥桓温这么执意西征呢？好好地待在自己的地盘享乐不好吗？因为在这群朝臣中，桓温还是比较有危机感的。因为荆州和蜀地相距不远，如果成汉政权出兵东晋，荆州肯定首当其冲。

另外，还和桓温这个人的野心有关。他曾经说过一句话："作为一个人，如果不能流芳百世，那么就遗臭万年。"也就是说：人过留名，雁过留声，不管是好名声还是坏名声，总得留下一个。

在古代社会，信息通信技术不发达，怎么才能做到让自己的名声人尽皆知呢？文章再好也有不识字的，扶危救困再多也有照顾不到的，也只有篡位当皇帝才能人尽皆知。要想篡位成功，就必须要提升实力和提高声望，而方法就是通过对外战争。

桓温为了达到自己的目的，不顾众人的反对，进行了这一场"豪赌"。由于缺乏支持，桓温出征的时候颇感势单力薄，大有一去不复返的悲壮。

这时候，西蜀的皇帝李势正在皇宫内没日没夜地纵情声色，高唱"今朝有酒今朝醉"呢。当他听到晋军出兵讨伐自己的时候，也大吃一惊，急忙派大将去抵挡。

但是，晋军的行动超出了李势的想象。桓温深知兵贵神速的道理，进入成汉的境内后，他让一部分人留下看守辎重，自己亲率不足万人的步兵长驱直入，一路上连战连捷，将成汉派来的军队打得落花流水，四散奔逃。

很快，桓温就到达了成都附近一个叫笮桥的地方。眼看桓温的军队打到自己家门口了，李势也着急了，酒也不喝了，舞也不跳了，将全部兵马集结起来，赶到笮桥，要与桓温决一死战。

俗话说，兔子逼急了还咬人，更何况人。李势心想，既然你不让我过好日子，我就让你有来无回。这场战斗可以说是关乎国家和个人存亡的生死之战，已经没有退路的李势亲自指挥，成汉军也表现出了惊人的战斗力。他们抵挡住了晋军前锋发起的一次又一次进攻，连桓温的亲信龚护都被斩杀了，甚至把箭直接射到了桓温马前，险些让其丧命。

面对战斗力惊人的成汉军，晋军的将官们都有些胆怯了，桓温也连说“大意了，大意了”，他知道，自己兵力远不如成汉军，如今又在气势上输给了对方，再打下去恐怕只能是全军覆没了。为了保存实力，桓温只得下令鸣金收兵。在古代战争中有一个规定，如果鸣金——就是敲锣表示撤退，如果击鼓则表示进军。此时的晋军传令官从来没见过如此激烈的战斗，被吓得大脑一片空白，收到桓温的命令后还没缓过神来，大脑麻木地敲起鼓来。

战鼓声响彻战场，战场上正在激战的晋军听到鼓声，以为是成汉军已经快被打败了，于是一个个的精神头又足了，争先恐后向前冲杀。

桓温刚开始还在纳闷儿自己是不是下错了命令，但当看到晋军的状态后立刻来个将错就错，挥动宝剑指挥晋军继续进攻。这下，原本已经力战不支的晋军瞬间便发生了脱胎换骨的变化，而原本感到胜利在望的成汉军突然变得恐慌起来。

在晋军的冲击下，成汉军终于支撑不住了，如同潮水一般退却。桓温乘胜冲杀，攻进了成都。李势率亲信逃出成都后，感到无路可走，只好向桓温送上降牒。

为什么这场战斗在历史上如此重要？因为桓温凭借这场战斗，扩张了自己的实力，改变了东晋后来的政治格局。

两千步兵破三万骑兵的秘密武器

在古代的战争中，如果兵力差不多的骑兵和步兵相遇，基本上步兵毫无胜算。骑兵不仅速度快，而且极具冲击力，就相当于如今的装甲部队，形成对步兵的绝对碾压。

不过也有例外，在东晋后期就发生过一场战争，一方用仅有的两千步兵，竟然将三万多的骑兵部队打得落花流水，创造了军事史上的一个奇迹。

没错，能够创造这样奇迹的人绝对不是凡人，他就是刘裕。刘裕有一个重要的身份，就是南朝刘宋的开国皇帝，他曾凭一己之力，杀了六位皇帝，灭了三个国家，简直就是“皇帝杀手”。

刘裕凭什么做到这些呢？最重要的一点是其超强的军事能力。他出身贫寒，和刘备一样，小时候以卖草鞋为生。后来参加了北府兵，经过战火的淬炼，最终成为东晋王朝一名重要的军事将领。

有一次，刘裕决定攻打后秦这个国家。这个国家在东晋的西北部，统治中心在现在的陕西西安一带。当时东晋派出了好几路兵马，刘裕的进军路线是沿着黄河西进。但是，这条路线需要进入北魏统治的地区。

于是，刘裕就派人跟北魏的皇帝拓跋嗣借道。拓跋嗣从没想到刘裕会提出这样的要求，所以一时不知道如何是好。

这时候，有个叫崔浩的大臣立即表示同意，同时他还建议，等刘裕进入后秦后，我们就把他回来的路堵上，叫他有去无回。

这一招就叫“关门打狗”。如果拓跋嗣真的采用这条计策，刘裕还真可能被困在后秦。但是，崔浩的建议遭到了群臣的一致反对，理由有二：第一，北魏和后秦是亲家，不能偏心外人；第二，刘裕居心叵测，也许打着借道的旗号攻打北魏。

拓跋嗣想来想去，觉得还是群臣说得对，于是拒绝了刘裕的提议，并且派出三万骑兵对刘裕进行堵截。

这下刘裕可火了，一边高唱着“没有什么能够阻挡，我对自由的向往”，一边命令士兵继续按原计划前进，并且击败了前来阻挡的北魏军队。

但是，刘裕继续西进的时候，北魏军队又出现了，刘裕又把他们揍了一顿。但是不久北魏军又出现了。

这下刘裕真生气了，正所谓“磨刀不误砍柴工”，决定先把北魏彻底打服再说。但是，自己现在手中只有两千的步兵，而对方却有三万的兵力，而且都是骑兵，这可怎么办呢?

天才毕竟是天才，刘裕久经沙场，而且很有谋略，他骑着马悠闲地看了一下地形后，决定在黄河北岸摆出一个大阵，来对付北魏的骑兵。

刘裕先派大将丁旿带着七百人的队伍来到黄河北岸，背靠黄河，把战车按照弧形的形状排好一个大阵。大阵两端靠着河，中间突出，就像新月一般，所以被称为却月阵。丁旿在阵中拿着一个小旗子指挥调度。

北魏的士兵发现后，觉得很是好奇，以前从没见过这种阵势，所以也就没采取任何行动。

这时候，刘裕又派宁朔将军朱超石带着两千步兵登岸，前去增援。这些士兵携带着一百多张大弩和一千多支槊。槊，类似长枪，但比枪重，比枪长。原来却月阵的每辆战车上只有七个人，朱超石增员后，每辆战车上也达到了二十人。

看到援兵上岸，北魏士兵突感不妙，觉得是针对自己而来，于是立即向晋军发动了进攻，从三个方面将晋军团团围住。

战斗正式打响了。刘裕先让士兵用软弱的弓箭进行射击，让魏兵觉得晋军兵少武器弱，达到迷惑敌人的作用。北魏军队果然上当了，三万骑兵急速赶来，发起攻击，打算一举踏平却月阵，消灭所有岸上的晋军。

魏军骑兵发动冲锋后，刘裕一看机会来了，立即使出了“大招”，只见晋军百弩俱发，之前的软弱弓箭全不见了。冲锋在前面的北魏士兵、战马纷纷倒下。不过，更厉害的武器还在后面——晋军登岸的时候不是带了一千多支槊吗？晋军把这些槊断成三四尺长，然后挥动大锤，将其发射出去，射向北魏骑兵，一支槊就能杀死三四个骑兵。

史书记载："别赍大锤并千余张槊，乃断槊长三四尺，以锤锤之，一槊辄洞贯三四虏"，那种场景就像火箭炮射向坦克集群。这一套组合拳打下来，魏军哪里还吃得消，一下子就战死了数千人，魏军数名大将也被射杀了。北魏军队吓得魂飞魄散，只好匆匆撤退，再也不敢阻挡晋军了。

刘裕打退魏军，顺利西进，很快就攻下长安，灭了后秦。

刘裕灭了后秦后，让儿子留在长安镇守，自己带兵回到了南方，逼晋帝退位，自立为帝，国号为"宋"，史称南朝宋，结束了晋朝三百多年的统治，中国也正式进入南北朝时期。

最具"穿越感"的将军，究竟干了啥

提到宇宙，大家会想到什么？外星人、地球、太阳……大家一定会想到很多，但这些肯定和科技、天文相关，提到"宇宙大将军"呢？大家一定会想这肯定是一个科幻故事，故事应该是一个具有超级能力的人，带领着部下维护宇宙秩序与和平。不过这次你就错了，在我国历史上，还真有这么一位"宇宙大将军"，而且他的事迹也真的是轰轰烈烈。

这位超人级的人物就是南北朝时期的侯景。

这个人有三头六臂吗？当然不是。他会穿越吗？也不会。这个侯景不仅没有超能力，而且在某些方面连普通人都比不上。史书上记载，侯景这个人，天生腿有毛病，走路一瘸一拐的。这样的人生活在和平年代还好，倘若生在战争年代，那就是一个悲剧了。但这就是侯景的“超能力”所在，他不仅没有被强者吞食，而且凭着凶悍的性格，在军队中成绩惊人。

当时的北魏，皇帝是拓跋家的，权力却掌握在尔朱荣的手中。尔朱荣也是一个枭雄，正所谓“物以类聚，人以群分”，他手下也聚集着像侯景、高欢一样的能人。

后来，尔朱荣因为“一时大意”，被皇帝杀死了。这下尔朱荣的势力群龙无首，四下分裂；同时朝政不稳，最后也分裂成两个国家，东魏和西魏，西魏由宇文家族把持，东魏的掌权者就是高欢。

在夹缝中生存异常艰难，比较来比较去，侯景觉得还是和高欢的关系比较“铁”，毕竟是一起扛过枪的，所以他就投奔了高欢。高欢对侯景也非常客气，加官晋爵自然不必说，还让他驻守河南一大块肥沃的土地。

按道理说，侯景应该很知足了，但是这个人有着“强人崇拜”的心理，也就是说，他只服从比自己强的人，对于弱者，他根本瞧不起。为此，侯景虽然很敬重高欢，但对于高欢的儿子高澄，那真是一百个看不起，四处扬言说：“王（高欢）在，吾不敢有异。王无，吾不能与鲜卑小儿（高澄）共事。”当然，高澄也看不上侯景。

后来，高欢死了，高澄当上了皇帝。侯景生怕高澄给自己穿小鞋，于是便投靠了西魏。但是西魏的宇文家族更是贪心，想把侯景赶走，吞并他的土地和士兵。侯景害怕了，于是便向南朝的梁国投降。

当时梁朝的皇帝就是大名鼎鼎的梁武帝，就是吃斋念佛、还一度出家的那位。梁武帝非常高兴，决定接纳侯景，并派兵支援。但是，即使有了梁军的支援，侯景还是没有击败前来抢夺他地盘的东魏军队，不仅损失了几万人，连自己的老家都丢了。

这么一看，这位宇宙大将军的能力确实不怎么样。不过，你别小看了这位大将军，虽然外战不行，但是内战却有一套。

虽然吃了败仗，但梁武帝对侯景依然不错，把寿阳这个地方给了他。对于一个无家可归的人来说，有了这样的一个落脚地非常不错了，但这位大将军却贪心不足蛇吞象，有一次，他对梁武帝说，想娶王家或谢家的女儿为妻。

在当时，王氏和谢氏是江南门第中最高贵的家族，除了很多在当时颇具影响力的人物，比如说谢安、王导等，这样的家族连皇帝想和他们联姻都很困难。梁武帝听完，笑了笑，便对侯景说："那两家门第太高了，你配不上。我看你就在朱氏和张氏以下的门第里找个妻子得了。"

侯景一听，非常生气，把梁武帝的实话当成了讥讽自己的笑话，心中十分生气，说："我一定要把那些人的儿女配给奴隶！"

这时候，侯景对梁武帝已经有了一些怨恨。不久，又发生了一件事，让侯景心中十分不安。原来，东魏为了和西魏开仗，打算和梁朝和亲，以稳定后方。消息传来，大臣们都建议答应。

侯景听说后，生怕梁武帝出卖他，为了试探一下，就假造了一封东魏的书信送给梁武帝，上面说要用一个逃到东魏的梁朝宗室换侯景。

梁武帝接到信后，也没分辨真假，就回信答应了这事。侯景拿到回信后大怒，说："我就知道这个人（梁武帝）没安好心！"于是，他就起兵造反了。

你别看侯景打不过东魏和西魏，但是打起梁朝来还比较顺利。很快，他就把梁朝的都城建康攻了下来，把梁武帝囚禁在宫中。

不久，梁武帝病死，侯景便立了萧纲为皇帝，还给自己加上了不少封号，先是相国、汉王，接着又是宇宙大将军。当萧纲看到任命诏书后，不禁惊叹："将军乃有宇宙之号乎！"

不过，这位宇宙大将军好景不长，很快就被赶到的梁朝援军打败处死了。

打了败仗，是这群牛不给力吗

在战国时期，燕昭王为了报仇而攻打齐国。燕国大军长驱直入，连续攻下齐国七十多座城池，眼看着就要把齐国灭亡了，不承想在即墨这个地方栽了跟头。即墨的守将田单，天才一般发明了火牛阵的战术，一举大败燕军。

因为这场战役，田单一举成名。要知道在古代战场中，把牛赶上战场的战斗寥寥无几，更别说打胜仗了。田单之后，各朝各代的将军们虽然都很推崇火牛阵，但是谁也不敢用牛来作战。直到唐朝末年，才有一名文官使用了这种打仗方法。

当时，正值安史之乱的时期，唐明皇李隆基被迫逃亡四川，为了活命，连最喜欢的女人都抛弃了。而且，他的儿子李亨还跑到了灵武登基称帝，把李隆基尊为太上皇。李隆基气得七窍生烟，但是自己没了兵权，也无可奈何。

李亨也知道父亲很生气，很看不起自己，于是就想通过一场大胜仗来证明自己的才能，证明自己天生就是当皇上的料。

那时候，唐朝的都城长安，还有重镇洛阳，都在安史大军的手中，无疑，如果能收复这两京，那么自己的皇位就坐稳了。但是派谁去呢？当时朝中虽有郭子仪、李光弼等大将，但是李亨却不敢重用，生怕他们会成为第二个安禄山。

正在他发愁的时候，宰相房琯突然上了一道奏章，请求领兵收复两京。这个房琯是什么来头呢？

《新唐书·列传第六十四》　搜索一下　你全知道

"（房）琯有远器，好谈老子、浮屠法，喜宾客，高谈有余，而不切事。"

什么意思呢？就是说房琯这个人很有理想，喜欢谈论道教、佛教，喜欢交朋友，喜欢高谈阔论，谁也说不过他，就是不干实事。一句话，房琯就是一个爱说大话没有能力的人。

安史之乱的时候，李隆基跑到了四川，房琯当时正在外地做官，听说后立刻骑着马跑来见李隆基。当时，李隆基正处于落魄之中，一些官员躲都来不及呢，房琯却不远千里来追随，把李隆基感动得眼泪稀里哗啦。但是，当李亨跑去灵武当皇帝后，房琯又跑到了灵武。

李亨刚登基，正是用人的时候，而房琯又能说，把李亨说得云里雾里。于是，李亨就封他为宰相。如果房琯有自知之明，安安静静地当好宰相就行了，谁知他又"作"了起来，竟然提出要带兵打仗。

李亨在高兴的同时，也有些不放心，但是房琯谈论起兵法来，愣是把李亨说得无法辩驳。于是，无人可用的李亨就封房琯“加持节、招讨西京兼防御蒲潼两关兵马节度”，带着好不容易招收来的五万士兵，前去收复长安。要知道，这可是李亨仅有的家底呀！

这一操作，把郭子仪、李光弼等大将看愣了，他们知道房琯有几斤几两，但又不敢反驳，谁让房琯那么讨皇帝喜欢呢！只能眼睁睁地看着房琯组建了自己的“军事指挥部”，有御史中丞邓景山、户部侍郎李揖、中丞宋若思、给事中刘秩等。这些人不是房琯的门生，就是他手下的部下，而且他们还有一个特征，都是饱读诗书的文人，却从未上过战场。

这一天，房琯带着大军在离长安不远的咸阳与安禄山的儿子安守忠相遇了，由于互不知道对方的虚实，所以均安营扎寨，静观其变。唐军将士见安军兵强马壮，都有些害怕，但房琯却十分轻松，说早已经准备好了破敌之计，这让人们才安下心来。

第二天，两军对阵，房琯果然亮出了自己的大杀器——两千乘牛车。这不仅把唐军看愣了，对面的安军也看愣了，要知道这种战术可消失了近千年了。

可是房琯却胸有成竹，他首先让士兵赶着牛车发起冲锋，然后骑兵、步兵依次排列，准备向前冲杀。

房琯本以为胜券在握，谁知就在这时，安守忠让士兵敲起了战鼓，同时还在军阵前燃起了烟火，这些耕牛一是没见过这阵势，二是它们是真的怕烟火，不仅不敢往前冲，反而转过身来，朝着唐军冲了过来，在唐军阵内横冲直撞。唐军顿时乱作一团，安守忠乘机杀了过来。

这一战，唐军五万大军死伤四万多，唐肃宗好不容易积攒起来的家底，只一战就被房琯败得干干净净。

房琯有个好友叫杜甫，还专门为这事写了一首诗《悲陈陶》，描写了当时战事之惨：

孟冬十郡良家子，血作陈陶泽中水。

野旷天清无战声，四万义军同日死。

群胡归来血洗箭，仍唱胡歌饮都市。

都人回面向北啼，日夜更望官军至。

而李亨本想向他的父亲献功，结果反而遭受失败。房琯更是因此而受到后人的讥笑。房琯也许很不在乎："怪我喽？还不是这届的牛太不给力了！"

大宋"恐辽症"的病因在哪儿

公元 979 年，在现在的太原，一场激烈的大战正在展开。守城的一方是北汉，攻城的一方是宋朝。此时，宋太祖赵匡胤已死，现在的大宋天子是宋太宗赵光义。

这个时候，大宋王朝基本统一了南方，北方也只剩下一个北汉，拿下北汉、南唐之后，五代十国割据的局面就将基本宣告结束。此次赵光义亲征，也显示了他对这场战争的重视。

赵光义先是击败了前来援助北汉的辽军，然后集中兵力猛攻太原城。北汉皇帝见孤立无援，只好投降了。

这一战，赵光义收获颇丰，不仅吞并了北汉，扩大了地盘，而且还得到了名将杨业。

正当大军唱着凯歌还朝并在镇州（现在的河北省正定县一带）休整的时

候，赵光义突然下达命令：军队立即出发，目标幽州。

幽州在哪儿？就是现在的北京一带，是被“儿皇帝”石敬瑭送给辽国的燕云十六州中非常重要的一个州。士兵和大臣们最初都不敢相信自己的耳朵：啥？庆功宴都已经在京城摆好了，怎么还要打仗？

于是大臣们找到赵光义，劝说道：攻打幽州不在我们计划之内，如果贸然出兵，粮草接济不上，还不如做好准备再出发。

但此时的赵光义早就“飘”了，他就是想利用新胜之机，搞个“突袭”，一鼓作气收复燕云十六州。他一意孤行，拒绝了所有臣子的劝告，并下令让周围的州县限期把粮草送往幽州。

赵光义“突袭”效果不错，很快就打到了幽州城下。一路上，宋军每攻下一座城池，都会受到老百姓的欢迎。这下赵光义更“膨胀”了，感觉自己是“救世主”一般，打算一鼓作气拿下幽州。但是，这次他遇上了“硬茬”。

当时，守幽州的正是大将韩德让，他本是汉人，能文能武，是辽国知名的将领。赵光义知道韩德让的厉害，就赶紧调来大量的攻城器械，不仅有登城墙的，还有挖城墙的，上下齐攻，打算集中优势兵力拿下幽州，但打了七八天，都失败了。

此时，辽景宗耶律贤正在打猎，他听说幽州危急，就打算放弃，好在被大将耶律休哥阻止了。耶律贤就派耶律休哥带领十万大军前往援助。

耶律休哥也比较聪明，他知道硬碰硬宋军不一定能讨到便宜，于是就把军队驻扎在幽州城外的高梁河旁，挑衅宋军。

赵光义攻幽州城不下正火呢，立刻派兵杀了过去。耶律休哥见宋军杀来，一边命人正面坚守，一边将其余的士兵分为两路，三面包围了宋军。这场战斗可以说是异常激烈，据说战死的士兵把高梁河都给堵塞了。这时候，韩德让也悄悄打开城门，杀了出来。

宋军一下子被四面包围，因无法抵抗辽军的猛攻，只能纷纷后退。辽军从后面追击，宋军大败，连夜南退，争道奔走，溃不成军。

当时的宋军之惨，看看赵光义就知道了。混乱之中，赵光义也指挥不动了，只好跟着逃跑，路上还不小心中了一箭，连马都骑不了，只好躺在驴车上，仓皇南逃，一口气跑到了涿州。

涿州是此次宋军攻打幽州的后方基地。当赵光义一瘸一拐地走下驴车时，又差点气炸肺。原来，留守后方的大臣见败军大部分都已经退回来了而赵光义还未到，以为皇帝已经遇难，正准备拥立宋太祖赵匡胤的儿子赵德昭为皇帝呢！

至此，宋辽高梁河之战以宋军失败而告终。赵光义当初想搞“偷袭”幽州，想法不错，但是，作为辽国的重镇，幽州不但城池坚固，而且有重兵把守，想要短时间攻下根本是不切实际的。

另外，临时改变计划出兵大辽时，宋太宗丝毫没注意到，在啃下北汉这块硬骨头的过程中，士兵们早已疲惫不堪了。士兵仅仅休整了一个月就进军，而且是全速前进，根本吃不消。

最后，在决战的地点上，辽军选在了一马平川的高梁河，因为这里可以让辽军骑兵的机动性和冲击力得到充分的发挥，而宋军的步兵优势根本无法发挥，失败是必然的。

高梁河之战，是宋朝首次大规模主动出击、并进入大辽国土的一战，是宋朝为收复燕云失地做出的第一次努力，但无奈以失败告终。这次失败，除了人力、物力、财力受到巨大损失外，最重要的是严重挫伤了宋军的自信心，开始出现“恐辽”情绪。而辽军经过这次胜利后，便开始轻视宋军，南下变得更加频繁，宋辽战争真正打响了。

真实的杨家将，远比小说中的厉害

矢尽兵亡战力摧，陈家谷口马难回。

李陵碑下成大节，千古行人为感悲。

这是一首赞美北宋名将杨业宁死不降的诗。而令其惨败的那场战争，正是北宋和契丹之间极为惨烈的金沙滩之战。在这场战斗中，除了杨业外，他的七个儿子战死三个，失踪一个，出家一个，被害一个，只剩下一个杨六郎安然无恙。

以上是小说《杨家将》中所描绘的故事。然而，这些故事，包括杨业被潘美害死、杨家满门战死沙场、穆桂英挂帅等，都是经过了戏曲和小说加工，进行了艺术夸张。不过，这并不能否认杨家将的存在，也不能否认其抗辽的英雄故事。与其年代相差不远的大文学家欧阳修曾说：“杨家父子皆为名将，其智勇号称无敌。至今天下之士，至于里儿野竖，皆能道之。”

而且，历史上真实杨家将的事迹远比小说中描绘的精彩。

杨家将的第一代名叫杨业，本名叫杨重贵，父亲是麟州刺史，麟州就是现在的陕西神木那一带。可以说，杨业出生于一个富裕家庭，有钱，有闲，喜欢骑马射箭，经常出去打猎。

如果这是在和平年代，这样的生活简直就是人生的巅峰。无奈那是五代十国的乱世时期，在年轻的时候，杨业就当了兵，跟随北汉的开国君主刘崇南征北战。他有勇有谋，尤其是和北方的契丹人打仗，可以说是百战百胜，为此他还得了一个外号——杨无敌。

刘崇对杨业非常欣赏，赐他姓刘，名刘继业。要知道，在古代，如果一个人被赐予了皇帝的本家姓，那可是最荣耀的事情之一。

俗话说“卤水点豆腐，一物降一物”，杨业虽然是契丹人的大克星，但是和宋朝军队打起来，能力显然不足。《宋史》中记载，有一次，杨业在太原城下与宋将党进大战，虽然兵多将广，但还是被打得七零八落。杨业也不得不躲在战壕里，靠着城里的士兵放下绳子爬上城墙才得以死里逃生。

纵观杨业的一生，好像只在做一件事——诠释“忠诚”的含义。虽然打不过宋军，但杨业宁死不降，就连北汉的皇帝刘继元都投降了，他还在抵抗。直到刘继元亲自去招降，他才放弃。

归降之后，刘继业恢复了杨姓，名字为“业”。由于杨业对契丹有着丰富的作战经验，宋太宗仍然让杨业去代州守卫边疆。

986年，宋太宗为了收回燕云十六州，出兵三路讨伐辽国，西路军主将是潘美，皇帝身边的红人，副将是杨业。起初，三路大军进军顺利，杨业更是一举收复了四州。但是，由于东路军失利，导致整个防线被击穿，西路军也奉命放弃收复的四州，而掩护百姓撤退。

关于撤退的问题，杨业主张避开辽军的锋芒，悄悄撤退。这本来提出了一个很好的建议，但是却招来了监军的冷嘲热讽：“你不是号称无敌吗？怎么这么害怕辽军？”潘美也不满意杨业的建议。

无奈之下，杨业不得不出击抵抗辽军。他深知此战必败，所以也留了条后路，与潘美约定要接应自己。

但是潘美却爽约了，因此，杨业只能拼死力战，最终不幸被擒。被擒后，杨业宁死不屈，最后绝食而死，再次告诉人们，什么叫“忠诚”！

和演义相同的是，历史上杨业确实有七个儿子，《宋史》记载七个儿子分别为：杨延朗(杨延昭)、杨延浦、杨延训、杨延环、杨延贵、杨延彬、杨延玉。

其中，除了杨延玉战死沙场外，其余六个孩子都得到了善终，并没有出家、流落番邦、身死奸臣之手之说，而且还都在朝廷中担任官职。

在杨业的七个儿子中，最出名的是长子杨延朗，也就是小说中的“杨六郎”杨延昭的原型。杨延朗和他的父亲一样骁勇善战，有勇有谋，最厉害的一次战斗发生在守遂城的时候。

那一次，辽国出动了二十万大军攻打遂城，但守城将士只有三千人。面对这种局势杨延朗却丝毫没有慌张，击退了辽军的数次进攻。

那时候正值寒冬，降温模式正式开启，杨延朗让士兵连夜往城墙上浇水。水刚浇下去，立刻就结成了冰，城墙变成了冰墙。冰墙又硬又滑，难以攀登，辽军见了直摇头，没几天就撤走了。

杨延朗镇守北国边疆二十余年，辽军没有从他这里讨到一丁点儿好处。当时辽国人迷信地认为北斗七星中第六颗星是克制辽国的“死星”，所以便将杨延朗认为是这颗星的转世，称他为“杨六郎”。

杨家将的第三代的代表名叫杨文广，小说中他是杨宗保和穆桂英的儿子，实际上，在历史中这两个人并不存在。在历史上，杨文广是杨延昭的孩子。

杨文广的功绩并不在和辽国的战争中，而是与西夏的战争中。当时，宋朝主要处于守方，为此需要修建堡垒作为辅助。但是，每次修建的时候，西夏士兵便来侵扰。杨文广便采用声东击西的办法，先派人在其他地方修建假堡垒，等西夏兵被吸引过去后，又命人迅速地修建真堡垒。等西夏兵明白过来，一切都为时已晚。

杨文广之后，杨家将中在历史中留有姓名的就很少了，不过有了这三代人精彩的故事，也足以流芳千古了。

为啥影响国人的是这场战争

清朝末年，朝政腐败，国力衰弱，正所谓“怀璧其罪”，中国富饶的物产引来了列强们的觊觎。在西方列强踢开国门，掠夺财富之际，清朝的人民也进行了多次抵抗，也打了不少大大小小的战争。

落后就要挨打。虽然清朝基本总处于挨打的地位，但是很少有人承认自己落后了，直到有一天，和邻国打了一场仗，失败的结果才彻底唤醒了国人。

1894 年 4 月，朝鲜南部爆发农民起义，朝鲜政府请求清政府派兵协助镇压。在当时，清朝虽然已经很衰弱了，处处挨打，但是在周边的一些国家眼中，依然是“老大”。

但出乎意料的是，日本却以清军入朝为借口，调遣大批日军登陆朝鲜，迅速抢占战略要地。

不过，当清军与日军进入朝鲜时，朝鲜内战已经停止了，朝鲜便请求清朝和日本撤军。清朝答应了，但正在撤军的时候，日军却突然发起了进攻。原来，日军已经得到命令——入侵朝鲜，与清军开战。

清军和日军的主要战场在当时朝鲜的都城平壤。双方正打得难解难分的时候，清军主帅叶志超却立即下令撤军，放弃平壤，逃之夭夭了。结果日军轻松地占领了朝鲜。

清军和日军在陆上的战斗告一段落后，更大的战场在海上展开了。

9 月 17 日这一天，清朝的海军精锐北洋舰队在黄海完成护航任务后，正准备返航，日军联合舰队突然杀了出来，著名的黄海海战正式爆发。

北洋水师的最高官员丁汝昌提督亲自指挥战斗，即便受伤仍坚持坐在甲板上鼓舞士气。经过五个小时的激战后，双方才各自撤离战场。

这场海战的结果是：

北洋舰队损失“致远”“经远”“超勇”“扬威”“广甲”（“广甲”逃离战场后触礁，几天后被自毁）五艘军舰，死伤官兵千余人。

日本舰队“松岛”“吉野”“比睿”“赤城”“西京丸”五舰受伤（“西京丸”“赤城”两舰被拖行，不久后沉没），死伤官兵六百余人。

平壤之战和黄海海战后，日军再次海陆同时作战。在陆上，由于清朝统治者战略失误，日军偷袭了旅顺，并进行了一场惨绝人寰的大屠杀后，随后又攻下了整个辽东半岛；在海上，由于北洋水师的实控人李鸿章消极避战的错误战略，致使北洋舰队全军覆灭。

1895 年 3 月，清政府派李鸿章前往日本的马关进行和谈，与日方签订了丧权辱国的《马关条约》，甲午战争结束。

甲午战争结束后，一向被中国看不起的“倭寇”竟全歼北洋水师，索得巨款，割走国土，对中国社会的震动之大，前所未有。为啥呢？最主要的一点，这场战争彻底摧毁了中国人的自尊心，彻底把国人打醒了。

自与日本有交往开始，国人就以天朝大国自居，认为中国地域辽阔，人口众多，区区日本东瀛三岛不在天朝话下，由此也一直看不起日本。不过，当时中国确实文明程度很高，日本像学生一样，从中国学到了不少东西。

但是，日本经过明治维新之后，学习西方，开始走上现代化道路，早已不是数百年前的“倭寇”了。然而，当时绝大多数中国人对日本发生的一切

并不了解，依旧存有轻视之心。

有一次，同治帝接受外国使臣的觐见，日本也派出了外务大臣副岛种臣前往，但清朝的官员却将副岛置于英、法、美等西方国家使节的位置之下。

而在清朝官员的奏折和文书内，对日本的轻视之心更多了，“蕞尔小国”“蛮夷小邦”等词汇比比皆是。大臣们如此，清朝的掌权者也如此。甲午战争打响后，慈禧太后还对臣子说：“日本构衅，由李鸿章初不慎重，致此决裂，然彼小国，原非意料所及。”

这种盲目虚骄自大的轻日心态直接酿成了战败的苦果。

“师父”被“徒弟”打了之后，中国人这才彻底清醒过来。甲午战争次年，康有为与梁启超集结六百多名举人，联名上书，反对签订《马关条约》，同时提出“拒和、迁都、练兵、变法”等主张。

虽然上书被清政府拒绝了，但在社会上产生了巨大影响，人们纷纷开始接受新思想，推动封建制度的改革，而公车上书也被认为是中国群众政治运动的开端。

第三章

古代生活

原来古人这样过日子

马球为何能风靡唐朝

一朝代有一朝代的流行运动，如果说蹴鞠、相扑属于宋朝，那么马球一定非唐朝莫属。

作为一项体育运动，马球起源于何时，学术界一直在争论。不过至少在汉朝末年就已经出现了，那时候其名称为“击鞠”，大文学家曹植曾写有“连骑击鞠壤，巧捷惟万端”的诗句。

但是，马球最兴盛的时期为唐朝，这已经成为一个公认的事实。考古专家甚至在大唐高宗与武则天的次子章怀太子李贤的墓中，发现了一幅关于马球运动的壁画。

在正史《唐书》中，也经常出现某位皇帝驾临某处击鞠的记载，这就说明，这项运动已经得到了统治阶层的青睐。在唐朝的二十几位皇帝中，有文献记载喜欢打马球的皇帝就有十一人，而且个个都堪称专业选手。

第一个喜欢打马球的皇帝就是唐太宗。他常常举办马球宫廷联谊赛，邀请日本、高丽、渤海等国前来参加，以增进邻国间的友谊。

而在大唐皇帝中，打马球最为出名的还要属唐明皇李隆基了。有一年，吐蕃国派使团到长安迎娶金城公主。在京城停留期间，吐蕃使者马球队还与唐朝宫廷马球队进行了友谊赛。但是几场下来，宫廷马球队都以惨败告终。

唐中宗李显脸上有些挂不住了，于是钦点侄子李隆基、嗣虢王李邕、驸马杨慎交、武延秀四人组队，迎战吐蕃十人。在这场比赛中，李隆基策马东奔西突，所向披靡，带着其他三个人以少胜多，打败了吐蕃使者队。

相比之下，唐僖宗李儇对马球的痴迷程度最高，还得了一个“马球皇帝”的称号。这位皇帝12岁登基，根本就没有处理政务的能力，整天斗鸡、赌鹅、骑射、下棋，尤其对马球更是沉迷，马球成了他生活中不可或缺的一部分。

正所谓上行下效，皇帝都如此喜爱马球，那些王公贵族、文臣武将自然也不甘落后。唐德宗时期，司徒李晟建有私人马球场；唐文宗时，翰林学士王源也在自家修建了马球场。

马球运动既狂野激越，又飘逸雅致，与唐朝人开放的精神风貌完美匹配，所以这项运动在唐朝盛行也不足为奇。

李隆基登基后，还专门颁发诏令，将马球作为军队训练的科目之一，而且将马球技术的高低作为选拔将领的条件之一。

在唐朝，每逢开科取士后，新科进士除了在曲江池游赏、雁塔题名外，也会举办马球比赛。

更不可思议的是，在唐朝宫廷中，女子打马球也逐渐成为风尚，宫内还专门设有女子马球乐队。唐太宗李世民在位的时候，后宫的马球队有四十人之多，而担任队长的就是后来成为女皇的武则天。与男子马球相比，女子马球的对抗程度较低，但娱乐性和观赏性较强。

马球风靡整个唐朝的同时，在比赛用具、规则、球场设施等方面也有了规定。

在唐朝，用来击打的球也叫鞠，一般有拳头大小，用硬木制成，但中间是空的，外表还雕有精美的花纹。为了在比赛时更加醒目，球体经常被涂成红色或彩色。

击球用的球杖是一根长杆，大多是由硬木制成，顶端呈半月牙状，可以用它来挡住滚动的球。由于马球比赛十分激烈，为了避免球杖损伤，其表面还会被包上兽皮或铁皮。

在服装上，正式的马球比赛要求队员统一穿唐服，为了区分，不同的球队服装的颜色可以不同。

而在队员人数上没有具体要求，从几个人到上百人都可以，但在正式比赛时一般要求两队人数相等。

马球的比赛规则比较随性，主要看进球，进球多的算赢。

在唐朝的时候，打球者参加马球运动是不允许戴头盔的，所以比赛也变得非常危险。

《新五代史》中则记载了这样一件事：在唐朝末年，已经归降唐朝的大将朱温的儿子朱友伦陪着唐昭宗李晔打马球。在运动的过程中，朱友伦一不小心从马上摔了下来，当场身亡。

不过，即使马球运动的危险系数再高，也挡不住人们喜欢的热情。比如唐昭宗最后被朱温逼得要从长安迁都到洛阳，身边的卫兵都跑光了，他心心念念的还是马球，声称要把马球手带到洛阳，永远不分离。

足球在古代有多火

提到足球，对国人来说，可真是既让人爱又让人恨。

说到爱，这项运动风靡全国，别的不说，就说每逢世界杯期间，那些随处可见的黑眼圈和销量持续走高的啤酒就知道了。

说起恨，唉，真是一言难尽，尽管投入了大量的金钱和球迷的热情，国足，不，男足的表现却真是让人失望至极。

足球在中国之弱，你以为它与中国无缘吗？实际上，这项风靡全球的运动起源于中国。对，没错，中国是足球的故乡。在很早的时候，足球便已经出现在了我国的大地上，成为古人最喜欢的一项运动。

不过，那时候的足球不叫足球，而叫“蹴鞠”。

相传，早在三皇五帝时期，黄帝为了提升战士们的体能，同时也为了打发时间而发明了这项运动。还有的传说是，黄帝战胜蚩尤后，将对方的头用脚来踢。这种关于足球起源的说法多少有些恐怖。

传说归传说，真正有据可查的足球可以追溯到战国时期。当时，面对频繁的战争，齐国的君主为了多打胜仗，就格外重视士兵的素质，于是就在军队中开展蹴鞠训练。同时，齐国的君主还把这项运动发展到了民间，以增强老百姓的体质，这样在征兵的时候也容易得到高素质的士兵。

让齐王没想到的是，这项运动竟然深受老百姓的欢迎，他们将其当成了日常的一种娱乐活动，并传播开来。

想当年，苏秦来到齐国，曾称齐国的都城临淄“其民无不吹竽、鼓瑟……蹋鞠者”。这也是目前历史上关于蹴鞠最早的文字记载。

到了汉朝，蹴鞠运动又得到了进一步的发展。其中一个重要原因与开国皇帝刘邦的老爸刘太公有关。据说，这位刘太公年轻的时候也有些不三不四，喜欢和一些泼皮无赖以斗鸡、蹴鞠作乐消遣。刘邦当了皇帝后，就把刘太公接到了皇宫。

但是，面对各种禁忌，刘太公整日闷闷不乐，老想着蹴鞠和斗鸡的游戏。刘邦为了讨老爸欢心，于是就在都城旁边新修了一座城，并把老家的乡里乡亲接到这里居住生活，陪着刘太公斗鸡、蹴鞠。

因为这座城是仿照刘邦的老家丰县建造的，所以后人把这座城叫作新丰。没错，就是唐朝大诗人王维《观猎》诗所描写的地方——“草枯鹰眼疾，雪尽马蹄轻。忽过新丰市，还归细柳营。”

汉朝以后，蹴鞠这项运动继续发展着。但是，其形状和现代的足球差别还是很大的，一直到了宋代，其样式才和现代的足球差不多。对，就是宋代，就是高俅生活的那个朝代。最初，蹴鞠是由 8 片皮缝合在一起的，到了宋代，就要求用 12 片，要求达到“碎凑十分圆”的程度。

在宋代，蹴鞠运动发展达到高峰，当时，喜欢蹴鞠运动的人非常多，上至皇帝下至百姓，是全国第一大运动，为此还形成了一个协会，叫作“齐云社”，大致就类似今天的足协。

当时，蹴鞠比赛有两种，一种与现在足球比赛类似，设有球门，另一种则不设球门。不设球门的比赛还有一个专有名称，叫作“白打”。比赛规则根据参与人数的不同也有不同的差别。宋徽宗时期，还有国家队与民间队之分。国家队会从军队中挑选专业人才组队比赛。

在宋朝，关于蹴鞠的书籍也不少，有专门介绍蹴鞠玩法的，有专门介绍如何练习蹴鞠的，还有记载“球星”事迹的。

令人惋惜的是，宋朝之后，蹴鞠运动就像过山车，从高峰一下子坠入了低谷。纵观史料，这一现象的出现和明朝的开国皇帝朱元璋有关。不知道出于何种心理，朱元璋对蹴鞠颇为讨厌，还专门下了一道命令——谁如果玩蹴鞠，就砍掉右脚。这可不是说说而已，他可真做过。

到了清朝初期，统治者们害怕百姓造反，就下达了“禁绝民间结社”的命令。当然，作为一项群体性运动，蹴鞠自然也被禁止了。

就这样，蹴鞠运动在我国逐渐衰弱，着实让人叹息。

你想不到的古人减肥妙招儿

如果说到让古今女孩子都着迷的一件事，减肥绝对算一个。从古至今，为了让自己变得更瘦，女孩子们的努力从未停止过，因此也出现了许许多多的减肥妙方。在医学发达的今天，减肥的方式多种多样，但古人减肥的方式也让你大开眼界。

早在春秋战国时期，好“瘦”之心便开始风行于社会之上，尤其是在楚国灵王在位的那段时期。

据说，这个楚灵王有个不良嗜好，就是喜欢“小蛮腰”，而且是腰越细越好。宫女们为了争宠，保持苗条的身材，纷纷开始节食以防身材变胖。与此同时，因营养不良而死亡的人数剧增。

为什么会这样呢？原来是那些宫女为了自己的“小蛮腰”而比赛节食，

你一顿吃一碗米饭，我就吃半碗；你一天吃两顿饭，我就吃一顿，结果比来比去，有的人甚至几天才吃一顿饭，这样一来，虽然腰瘦了，但是命也没了。

这股减肥风甚至还波及了大臣，大臣们为了瘦下来不被君王嫌弃，也拼命节食，有的大臣甚至还吞下布帛来变相缩胃，真是用变态来形容也毫不过分。

对于这种不良的减肥风潮，后人还写诗进行了委婉的批评：“楚王好细腰，宫中多饿死。”

除了楚灵王，还有很多的帝王也喜欢瘦小的女孩子，比如说西汉时期的成帝。在众多的宫女中，他最喜欢一个叫赵飞燕的女孩子，就是成语“环肥燕瘦”中的“燕瘦”。后人常用“燕瘦”来比喻瘦弱娇小的美女，其原因也是来自赵飞燕。

那么，赵飞燕有多瘦呢？有一次她在宫外为汉成帝跳舞，突然刮起一阵大风，一下子就把赵飞燕吹了起来。汉成帝吓坏了，赶紧让宫女紧紧抓住赵飞燕，以免被风吹走。

大风过后，赵飞燕安然无恙，只不过平滑的裙子被拉成了褶皱，不过更好看了。这种褶皱的裙子还被后人效仿，这就是现在流行的百褶裙。

为啥赵飞燕能够这么瘦呢？除了先天的原因外，她还采用了药物疗法。史料记载，赵飞燕服用的这种减肥药名叫息肌丸，里面含有麝香、鹿茸等珍贵药材，使用的方法就是把药丸塞到肚脐中。

据说，这减肥药的效果很好，赵飞燕也因此保持着纤瘦的身材。不过，这药的副作用也很大，赵飞燕和汉成帝生活了那么多年，竟然没有生下一个孩子。

不过，这里并不是说所有的药物减肥都有害，关键要看其是否符合医学常识、遵循医学。比如在唐朝时期，大医学家孙思邈也研制了一种减肥药，这个就比较健康和科学。

孙思邈在他的医学名著《千金要方》中写道："桃花三株，空腹饮用，细腰身。"妥妥的一个纯植物减肥药方。不过，在当时那个以胖为美的时代，他的这个药方也许没有多少人重视。

唐朝之后，人们又开始恢复了以瘦为美的传统观念，减肥方式也变得更加丰富。比如宋代，民间流行一种"毛巾减肥法"，方法就是将毛巾泡在冷水里，然后在身体的一些部位反复搓洗十次以上。

这种减肥方法很简单，很实用，也很科学，因为用冷水擦身会消耗身体里的热能。由此看来，宋朝时期的人们已经具备一定的科学减肥观念了。

到了明代，药物减肥又有了新发展。明朝开国皇帝的御医戴思恭在自己的医学著作《证治要诀》中写道："荷叶灰服之，令人瘦劣。今假病，欲容体瘦以示人者，一味服荷叶灰。"

也就是说，这是一服以碾碎后的荷叶为主要配方的减肥药。而现代医学证明，荷叶含有大量纤维，可以促进肠胃蠕动，降低脂肪的吸收，加速食物的分解，所以具备一定的减肥效果。并且，在现在有些医院也用荷叶来治疗肥胖症，可见戴思恭的减肥药也是有科学依据的。

不过在明朝时期，也流行着一些不健康的减肥方法。比如说当时，有些女孩子为了减肥，就经常穿上紧身衣，来把腰部勒得紧紧的，这样吃饭的时候就会吃得少了，久而久之就会瘦下来。

这简直就是楚国宫女减肥方法的翻版。更为恐怖的是，这些束腰的箍带不是由木板制成，就是由金属做成，现代的人不要说去做，想想都感到疼。

而如今，减肥的方式更是多种多样，五花八门，不过，减肥道路千万条，健康快乐第一条，瘦虽然好，但千万不要因此而失去健康，失去快乐。

古人用什么保鲜

对于现代人来说，炎炎夏日何所爱？唯有冰箱与空调。没错，如果没有了这两种度夏利器，这三伏天恐怕是真难熬了。尤其是冰箱，其所提供的冷饮更是使我们有了直面烈日的勇气。

当我们在舒适的空调房里，享受着冷饮，并感谢冰箱发明人的时候，你是否会想到，我们没有冰箱的祖先是如何度过那炎炎夏日的？这虽然是“替古人担心”，大可不必，但是，我们祖先的聪明才智总是出乎你的想象。

早在两千多年前的周王朝时期，冰箱就被我们的先人发明出来了。不过，那时候它不叫冰箱，而是叫“冰鉴”。有一本古书名叫《周礼》，里面就记有“祭祀共（供）冰鉴。”

那时候的冰鉴是一件双层的器皿，外面的叫“鉴”，里面的一层叫“缶”，两者都是正方形，方缶放在方鉴正中，方鉴有镂空花纹的盖，盖中间的方口正好套住方缶的颈部。

到了夏季，人们就在方鉴和方缶之间装上冰块，缶内装上酒或新鲜的食物，就可起到降温保鲜的作用。

而且，在冰鉴的盖子上人们还设有几个孔，里面装上冰的时候，冷气就会沿着小孔往上冒，这时候，冰鉴还能起到空调的作用，简直就是冰箱、空调两用的一体机。

周王朝之后，人们对冰鉴也不断地进行改进。到了明朝时期，冰鉴已经成了京城王宫贵族必不可少的祛暑利器了。此时的冰鉴早已脱离了青铜材质，材料普遍为黄花梨木或红木等珍贵的树木，而且外形上也不是正方体，而是口大底小呈方斗形，箱的两侧有铜环，这样更便于搬运。

而且，这时的冰鉴不仅外形美观，在功能设计上也更科学。在冰鉴的内部，挂有一层锡箔。锡纸大家知道吧，这种材料保温的效果非常棒。在冰鉴的底部还有小孔。由于锡纸的保护，冰融化后也不会侵蚀到木质的箱体，还能从底部的小孔中渗出，真是巧妙。

在冰鉴的上部开口处，盖有两块木板，一块是固定的，另一块是活动的。如果要放取食物，就把活板拿开，十分方便。

此外，除了这种小型冰箱，古人还发明了专门用来储存食物的房子——“冰厨”，也就是我们现在所说的冷库。在古书《吴越春秋》上曾记载：“勾践之出游也，休息食宿于冰厨。”

一般来说，冰厨设在地面下，里面挖有很多冰井，井内用陶制的井圈叠套在一起，形成井壁。井底也是陶制的，一方面能够保持冰的清洁，另一方面能防止冰融化侵蚀土壤。

但是，有人会问了，古代没有电，那些冰是从何而来呢？这当然难不倒我们的祖先。

据《周礼》记载，在周朝时期，有专门管理冰政的官员，称为凌人，职责就是负责斩冰、藏冰、启冰、搬冰等事情。一般来说，凌人的主要工作集中在每年十二月的时候，先估计来年所需要的冰量，然后再以三倍的冰量进行存贮。因为在存储的过程中，部分冰会融化，而融化的部分大约要占到三分之二。秋天的时候，还要把冰室清理干净，为冬天藏冰做好准备。

冬天从河里取冰、运冰、贮藏冰的方式一直沿袭到清朝时期，不过在这期间，人们也发明了许多制冰的方法。例如在唐朝末年，人们偶然发现，将硝石放到水中，硝石在溶解的过程中要吸收大量的热，周围的水就会结成冰。于是，一种新的制冰方法就出现了。

人造冰的出现让冰块在夏天不再是贵重之物，平民也能用得起冰了。不过，这种制冰的方法主要用在冰鉴中和制作冷饮方面，很少应用在冰厨之中。

为了运输这些冰，古人也发明了许多新方法。在南宋时期，朝廷偏安南方，冬季结冰的河很少。于是，朝廷命令大将韩世忠负责将北方的冰块南运。韩世忠命令部下采用封闭性较强的木船来装巨冰，日夜不停送往都城。

除此之外，我们的祖先还根据具体的场景，发明了各类各样的冰箱。比如，古代的沿海渔民为了保存夏天打捞的鱼，发明了能够长途运输的“冰箱”——冰船。明代黄省曾在《养鱼经》里写道：当时的渔民常常用冰来保存白鳞鱼，这样即使运到很远的地方也能保持新鲜。人们还给这种方法起了个名字，叫“冰鲜”。

总的来说，虽然古代的冰箱没有现代的电冰箱先进，但其可是纯绿色产品啊！

炎热的夏天只能“扇扇扇”吗

有人问，如果让你穿越到古代，你愿不愿意？肯定有许多人不愿意。因为在古代没有电的夏天就不好过。你看，还是现代人好啊，热了把电扇打开，不给力就打开空调吹吹，再不给力还有冰箱助阵。不过这次，我们还是要为古人担忧一次，古人们有啥避暑良方吗？

首先想到的肯定是扇子。比如，唐代诗人杨衡在《宿陟岵寺云律师院》中写道："碧水洒尘缨，凉扇当夏日。"

关于扇子的出现时间，我国先秦时代有本古书名叫《世本》，书中记载："武王作翣"，认为扇子是周武王姬发发明的，这自然是靠不住的。一般认为，在原始社会时期就应该有扇子了。在炎热的夏天，人在感到热的时候会很自然地找个片状的东西扇动取凉，那应该就是扇子的雏形。

最初，人们大概率是直接拿着植物的大叶子当扇子，后来当人类学会了编织技术后，就开始把这种技术应用到了制作扇子上。编织的材料有竹篾、植物叶子等。

对于大多数普通人家来说，扇子的使用方法就是自己用手摇动，但对于达官贵人来说就不一样了，别看这群人不爱动手动脚，但喜欢动脑子，他们发明了"电风扇"——在一个轴上装上扇叶，轴心上拴绳索，通过仆人们拉动绳索来让扇叶旋转。

还有更高级一些的，就是在风扇的前面或后面放上冰块或冷水盆，这样送出来的风就是凉的，已经基本具备了空调的功能。

现代人常说，没有什么问题不能用吃来解决的。对于度夏也是，如今面对炎炎夏日，我们吃点冷饮一下子就全部解决了。但是古人呢？别担心，冷饮花样也不少。

早在汉朝时期，人们就会将蜂蜜放到冰冷的、刚打上来的井水里，光想想就是"透心凉"的感觉。到了东晋时期，医学家葛洪还发明了凉茶，不仅可以解渴，还能败火。

在唐代，贵族宴会上流行一种高级冷饮——酥山。"酥"，就类似现在的奶油。这道冷饮制作精细，入口即化、甜糯滑腻，可以和如今的冰淇淋媲美。

到了宋代，冷饮就更丰富了，据说在北宋画家张择端创作的《清明上河图》上就绘有售卖冷饮的摊位，可见那时候冷饮已经飞入寻常百姓家。那时候的冷饮都有什么呢？如绿豆水、卤梅水、漉梨浆、梅花酒等，还有用水果、牛奶、冰块等混合调制的“刨冰”。而且，为了吸引顾客，人们为这些冷饮还起了不少好听的名字，比如“雪泡梅花”等。

这些美味自然得到了人们的称赞。有一次大诗人杨万里冷饮吃爽了，还作了一首诗《咏西禾》：

似腻还成爽，才凝又欲飘。

玉来盘底碎，雪到口边销。

如果这些还不能解暑怎么办？那就只能“哪儿凉快去哪儿吧”。比如，河边、山中、树荫下、竹林中，都是很好的纳凉场所。宋代人戴炳就写过一首诗《竹木避暑》，描写了在竹林中乘凉的情景：

自抱桃笙过竹林，浓阴一片直千金。

清眠尽晚无人唤，时有风鸣石上琴。

宋代人韩琦在《北塘避暑》诗中描写在水塘边乘凉的情景：

尽室林塘涤暑烦，旷然如不在尘寰。

谁人敢议清风价？无乐能过百日闲。

水鸟得鱼长自足，岭云含雨只空还。

酒阑何物醒魂梦？万柄莲香一枕山。

唐代大诗人白居易在《香山避暑》诗中就描写过到香山避暑的情景：

纱巾草履竹疏衣，晚下香山蹋翠微。

一路凉风十八里，卧乘篮舆睡中归。

更高级一些的，还可以到山中的寺庙中避暑。唐代文人李群玉在《文殊院避暑》一诗写道：

赤日黄埃满世间，松声入耳即心闲。

愿寻五百仙人去，一世清凉住雪山。

不过，对于那些达官贵人、皇亲国戚来说，如果不愿意出远门，也能把自己的府邸改成避暑胜地。比如，可以搭建用来遮阳的凉棚，就是在房屋顶上和院里搭个顶盖来遮蔽阳光。还可以在屋檐前面悬挂帘子，一方面可以遮挡阳光，另一方面也可保持通风。就连清朝的道光皇帝都夸赞这种方法好，他曾在《湘帘》诗中说：

一桁垂银蒜，编成翠竹箩。篆烟留细处，草色看时多。

月下纤无影，风前动有波。湘江遗趣在，夏永静如何。

当然，对这些皇帝来说，还有度夏避暑的“天花板”，那就是修建自己的避暑行宫，或建在山间，或建在水边，清幽的环境常常让那些尊贵的皇帝忘记了夏天的烦热。当然这些行宫咱们现在也能去，比如颐和园、圆明园和承德避暑山庄等，但是对于古代那些普通老百姓来说，去这些地方那可就比登天还难了。

脑洞大开的驱蚊方法

提到蚊子这种昆虫，大家都不会陌生吧，别看其非常不起眼，但是对人类的危害却很大，是登革热、黄热病、疟疾等其他病原体的中间寄主，如今它已经成为人类的“公敌”。

不过，我们现在科技发达了，有许多灭蚊的方法，但是可苦了我们的先人了，不光是普通人，就连名人也深受蚊子的“骚扰”。

比如说宋代的大文豪欧阳修，他的一篇《醉翁亭记》让他留下了一个潇洒恣意的“醉翁”形象，但是这位“醉翁”也不得不与蚊子作斗争，还留下了一首五言长诗，足足有五百字，字里行间不仅描写了蚊子给自己带来的痛苦，更表达了自己对蚊子的痛恨之情：“难堪尔类多，枕席厌缘扑……翾翾伺昏黑，稍稍出壁屋。填空来若翳，翳隙多可掬。丛身疑陷围，聒耳如遭哭。猛攘欲张拳，暗中甚飞镞。手足不自救，其能营背腹。”

不过，被蚊子们折腾久了，人们也逐渐总结出躲避蚊子、消灭蚊子的经验。

第一种是物理方法，俗话说惹不起还躲不起吗？于是，蚊帐就诞生了。蚊帐并不是现代社会的产物，我国古代对蚊帐的记载，最早见于《诗经》：“肃肃宵征，抱衾与裯。”东汉经学大师郑玄把“裯”解释为床帐子。

另外，关于蚊帐，春秋五霸之一的齐桓公可以作证。

当时，齐桓公在一个叫柏寝台的地方休息，忽然对管仲说：“齐国现在兵强马壮，我没什么可担忧的，我最牵挂的是蚊帐外面很多蚊子飞来飞去，它们肯定饿了。”说完，齐桓公还打开了蚊帐。

至于齐桓公为何打开蚊帐喂蚊子，这就是另一个话题了，不过从这个故事我们能看出，至少在春秋时期，蚊帐就已经出现了。

古代的蚊帐多用锦、罗、纱等丝织品制作，这样不仅能防蚊子，还能透风，但对许多平民百姓来说，他们是用不起丝织品的，主要使用葛、布等帐子。

第二种是生物方法。一般来说，吃蚊子的动物最常见的就是蜻蜓和青蛙。而蜻蜓为天然昆虫，不好饲养，人们便把目光落在青蛙身上，通过饲养青蛙来驱蚊。

当然，青蛙捕杀的蚊子毕竟数量有限，不可能成为防蚊的主流，于是古人们选择了第三种驱蚊方法——烟熏。

早在西周时期，就有这种方法了。《周礼》记载，西周时期，有一种人专门负责驱蚊，称为“翦氏”，方法就是一边念咒语，一边用火烧烟熏。

火烧的原材料是莽草。莽草毒性很强，古代人还用莽草杀老鼠，其燃烧散发出来的烟雾就能毒死蚊子。

后来，人们发现除了莽草，艾草、蒿草也有很不错的驱蚊效果，而且艾草和蒿草散发出来的烟雾不多，比莽草更健康。更重要的是，艾草、蒿草比较常见且容易获得，于是莽草便逐渐退出了防蚊的历史舞台，艾草和蒿草则占据了主要地位。

明朝方孝孺在《蚊对》中写道：“童子拔蒿束之，置火于端，其烟勃郁，左麾右旋，绕床数匝，逐蚊出门。”

不过，烟熏的方法也有欠缺的地方，比如古人住宅皆多以木构建筑为主，尤其在炎热干燥的夏天，床边燃火不仅使温度增高，也不利于防火安全，同时，没有经过后加工的天然植物在燃烧过后的气味会过于浓烈刺鼻，熏蚊子的同时也非常熏人。

不过，古人还是非常聪明的，他们将艾草、蒿草弄成绳子一样的东西，相对燃烧烟熏，防蚊绳不仅能起到防蚊效果，还减少了烟雾、降低了温度。

到了宋朝，人们又对防蚊绳进行了改进，在火绳中加入了雄黄，这样防蚊子的效果更好了。

除了做成绳子的形状之外，人们还将其做成香的形状，这种精细的做工对人们的伤害又进一步降低。有一本叫《普济方》的书，里面记载有其配方："以浮萍、羌活捣为末，加苍术、白胶香亦可得，如香焚之。"翻译过来就是，将夏日水中的浮萍捞取晒干后，与羌活一同捣为粉末，同时适当加些苍术、白胶香，做成香炷。可以说，这种东西简直和我们现在所使用的蚊香媲美了。

当然除了这些，古人还有许多驱蚊灭蚊方法，比如，驱蚊香囊，就是在香囊中加入具有驱蚊功效的中药，这种方式简直比驱蚊绳又先进了一步，对古人来说，只有你想不到的，没有他们做不到的。

古人相亲的场面

自古以来，婚姻都是人生的头等大事，争取幸福婚姻的方式很多，相亲就是其中的一种。不过，一提到相亲两个字，很多现代人都会嗤之以鼻：老封建，思想太落伍了。实际上你不知道的是，相亲可不是封建社会才有的，早在周朝奴隶制社会时期就存在了。再者，古人的相亲也不是像现代人想象的那样枯燥无味、呆板，反而是丰富多彩，是那些渴望得到真爱的男女青年最向往的方式。

与现代不同的是，在古代人们有专门相亲的日子，最主要的有两个，一个是上巳，一个是元宵。

上巳节就是我们通常说的农历三月初三，正值春暖花开的时候。这种来自大自然的温馨氛围，即使严肃的理学大师朱熹也颇受感染，还写了一首诗《春日》抒发喜悦的心情：

胜日寻芳泗水滨，无边光景一时新。

等闲识得东风面，万紫千红总是春。

这一天，即使一个年轻人再“宅”，女青年再“规矩”，平日里大门不出二门不迈，也会在这一天出来踏春，到河畔嬉戏、观花赏柳。当然，踏春是一方面，更重要的是解决人生大事。

而在唐代，三月初三这一天还是一个法定的相亲节，无论是王公贵族还是普通百姓，只要是未婚的青年男女都可以寻找爱慕的对象。

在当时，最流行的相亲方式就是在一条清澈的河边，男青年在河水的上游放好盛酒的杯子，然后任其顺水而下，直到停在某个女子的前面为止。如果双方都有爱慕之情，那就喝完杯中的酒，折下一段柳条相赠，官宣“男女朋友”的关系，然后就一起游玩以增进了解和培养感情。

元宵就是每年的正月十五，这一天的相亲主要在晚上。“正月十五逛花灯”，当花灯初上的时候，那些单身男女走上街头，借赏灯的名义，寻找着意中人，期盼着“众里寻他千百度，蓦然回首，那人却在灯火阑珊处”的美好结局。

如果青年男女一旦看好人选，就会让朋友上前去自报家门，如果对方也满意，就彼此留下家庭住址、姓甚名谁等信息。回家后，各自禀告自己的家人，如果家里人同意，就会按照当地风俗，把这场婚姻推进下去。

一般来说，上巳和元宵属于普通老百姓的相亲会，在古代，那些达官贵人还有专属的相亲会，比如“同年大会”。

这个相亲节专为当年新考中进士的举子们所设，时间通常设在放榜之后。

在古代，能够考中进士的都是潜力股，所以家中有待嫁姑娘的达官贵人们就会来到会场，替自己的姑娘挑选意中人。不仅达官贵人如此，甚至一国之君，也加入其中，当然，“近水楼台先得月”，皇帝的眼光更多地落在新科状元身上。

不过在古代，新科“进士”还是很少的，排除已经成婚有家室的，剩下的未婚的新科“进士”简直就是凤毛麟角。“同年大会”过后，京城中还会热闹一段时间——为新选中的女婿举办婚礼。这对于新科“进士”来说真是双喜临门——金榜题名加上洞房花烛，人生四喜占了两喜，真是人生快意。

另外，一些达官贵人或富贵人家还会举办颇有仪式感的私人相亲大会，比如比武招亲、绣球招亲等。

比武招亲，一般来说是女方设台，男方作为候选人，要进行竞争，只有最后的胜利者才能抱得美人归。不过，说是比武，并不全是小说中所描写的那样进行拳脚比试，比武的方式很多，比如射箭，唐朝的开国皇帝李渊就是通过这种方式被招为女婿的。

《旧唐书》中记载，北周的上柱国大司马窦毅打算为女儿找个好郎君。喜欢武术的窦毅就在屏风上画两只孔雀，每个求婚者有两次射箭机会，如果同时能射中两只孔雀的眼睛就算胜出。结果，李渊凭借“百步穿杨”的功夫，一箭射中了两只孔雀的眼睛，最终娶了窦家的小姐。

这场比赛，从当时的情况看，李渊是大赢家，但从后来看，李渊当了皇帝，窦小姐成了皇后，窦毅才是最大的赢家。

绣球招亲，在小说中比比皆是，在古籍中也有记载。宋朝人周去非在《岭外代答》中写有“上巳日男女聚会，各为行列，以五色球为结，歌而抛之，谓为飞砣。男女目成，则女受砣而男婚已定”，这里的“砣”就相当于绣球。不过这种相亲的方式，最早流行于少数民族之中。

当然了，古人的相亲的方式还有很多，也吸引了很多的年轻男女参与之中，找到了意中人，也收获了幸福的婚姻。

古代的离婚书什么样

我国的封建社会，一直是男权社会，男尊女卑的思想贯穿其中。这一思想最主要的还是体现在婚姻方面。男人不仅在择偶方面有很大的主动权，而且在离婚的方面主动权更大。如果丈夫对妻子的言行举止等不满意，就可以一纸离婚书，也叫休书，把妻子遣送回老家。

在人们的印象中，休书一般都是冷冰冰的文字，满是诅咒、恶毒的语言。实则不然，古代的夫妻也不乏像现代人那样，和平分手，相互祝福。

不信吗？看看唐朝的这份离婚书吧。按照当时习惯的说法，叫放妻书。

盖说夫妻之缘，伉俪情深，恩深义重。论谈共被之因，幽怀合卺之欢。

凡为夫妻之因，前世三生结缘，始配今生夫妇。夫妻相对，恰似鸳鸯，双飞并膝，花颜共坐；两德之美，恩爱极重，二体一心。

三载结缘，则夫妇相和；三年有怨，则来仇隙。

若结缘不合，想是前世怨家。反目生怨，故来相对。妻则一言数口，夫则反目生嫌。似猫鼠相憎，如狼羊一处。

既以二心不同，难归一意，快会及诸亲，以求一别，物色书之，各还本道。

愿娘子相离之后，重梳蝉鬓，美扫娥眉，巧逞窈窕之姿，选聘高官之主，弄影庭前，美效琴瑟合韵之态。

解怨释结，更莫相憎；一别两宽，各生欢喜。

三年衣粮，便献柔仪。伏愿娘子千秋万岁。

谨立此书！

一看文章，就能想到男方应该是个温柔儒雅之士，而且文采飞扬。这篇《放妻书》先是叙述了刚结婚时的两情相悦——“夫妻相对，恰似鸳鸯，双飞并膝，花颜共坐；两德之美，恩爱极重，二体一心。”

然后又说离婚的原因，“三年有怨，则来仇隙”，小小的怨恨积少成多就变成了不可调和的矛盾。由于双方结婚仅三年，都还年轻，都不想搭伙过日子，为了今后的幸福，只好选择离婚。

不过，男方此时还显得非常大度，对女方进行了一番祝福：“愿娘子相离之后，重梳蝉鬓，美扫娥眉，巧逞窈窕之姿，选聘高官之主，弄影庭前，美效琴瑟合韵之态。”意思就是，希望娘子在离开我之后，还能像现在这样漂漂亮亮的，将来能够嫁个高官，衣食无忧，白头到老。

感情谈完了，下面还有重要的事情。在古代，女子在离婚后因为没有收入来源，所以生活会变得非常贫困，但这位男士为娘子都考虑好了——“三年衣粮，便献柔仪。”也就是说，离婚后如果暂时没找到合适的另一半也不要担心，我已经把你三年的生活物资都准备好了！

不过，颇有些搞笑、戏谑色彩的还是“伏愿娘子千秋万岁”一句，意思就是，跪在地上祝你万岁万岁万万岁！当然，这应当是那时候一句程式化的言语，不能用我们现代人的思想去理解。

这封离婚书整体来说，写得洒脱而且俏皮不乏真诚，不过，字里行间依然透露着当时男尊女卑的思想，正因为男方表现得如此大方、洒脱，说明其在婚姻上还是占主导地位的。实际上，古代虽然是男权社会，但是在婚姻上也不是一点儿权利都不给女方，男方想离婚就离婚。女方只有触犯以下七条时，才能被赶回娘家，俗称“七出”。

儒家经典《大戴礼记》中对“七出”曾有记载：“妇有七去：不顺父婆去，无子去，淫去，妒去，有恶疾去，多言去，盗窃去。”即不能顺从公公婆婆的心意，不孝顺公公婆婆；不能生育；与别的男人勾勾搭搭；嫉妒丈夫喜欢其他女人，阻止丈夫娶小妾；有重大的疾病；多嘴多舌；偷窃，擅动家中财产等。如果妻子触犯了上述其中行为的任何一种，丈夫都有权将其休回娘家。

不过，古代的婚姻制度对男权也进行了约束，不是丈夫想休妻就能休的，在“七出”之外还有“三不去”，也就是，妻子的娘家没有亲人，无家可归；和丈夫一起为公公婆婆服丧三年以上；结婚时家中贫寒，后来变成富贵之家，这样的三种情况，丈夫是不能将妻子休掉的。

其实，整体来说，封建社会对女性还是不友好的，如果一个妻子能遇到上面那位写放妻书那样温文尔雅的男子的话，多少也算有些小幸运。

宋朝男子为啥要簪花

在我们现代人眼中，只有女子才能簪花、戴花。但是，你可能不知道，在我国的宋代，上至宫廷、下至民间，而且不论男女老幼都喜爱簪花，在当时成为一大盛景。

关于簪花的习俗，至少在汉朝时期，岭南一带就出现了。大文学家陆贾在自己的著作《南越行纪》中写道：“彼之女子，以彩丝穿花心，以为首饰。”

而到了隋唐五代时期，中原地区也开始流行簪花。唐代周昉有一幅名画叫《簪花仕女图》，就描绘了当时人们簪花的情景。通过画中我们就可以看到，仕女们在发髻上插有牡丹、芍药、荷花、绣球等鲜艳的花朵，别有一番情调。

到了宋代，簪花的习俗得到进一步发展，簪花的范围进一步扩大，不仅有女性，男性也开始流行簪花，不仅百姓喜欢簪花，而且朝臣，甚至皇帝也都喜爱簪花。

宋朝女子簪花的样式很多，可以簪真花，也可簪像生花（假花）。像生花一般由罗绢、金玉以及彩纸等制成。

对于宋朝男性簪花的情景，小说《水浒传》中多有描述：“那阮小五斜戴着一顶破头巾，鬓边插朵石榴花，披着一领旧布衫……”“斜插一枝罗帛像生花”“鬓间常簪四季花”，甚至还有一位好汉的外号就叫“一枝花”，原因就在于其常年在鬓角插着一朵花。

大文学家欧阳修在《洛阳牡丹记》中对当时流行簪花的情景进行描述：“春时，城中无贵贱，皆插花，虽负担者亦然”，你看看，连做苦力的挑夫（负担者）都不例外。

大科学家沈括在《梦溪笔谈》中还记载了一个“四相簪花”的故事。

时任扬州太守的韩琦在府衙中种着一种名叫“金缠腰”的芍药花，这种花的花瓣是红色的，中间一圈黄蕊。按照宋朝官制，宰相穿红袍、系金腰带，与“金缠腰”极为相似，由此便形成了“此花一开，城中就要出宰相”的传说。

一天，“金缠腰”一下子开了四朵花，当时韩琦与王珪、王安石、陈升之一同饮酒赏花，喝到高兴处，韩琦就将四朵“金缠腰”剪下，给大家一一戴上，自己也插了一朵。而在此后的三十年间，这四人都做了宰相。

“四相簪花”的故事一时传为美谈，也反映了当时男性簪花的风俗。

后来，簪花在宋朝还逐渐成为一种礼仪制度、封赏制度，在庆寿礼、郊祀大礼、恭谢礼等重要典礼上，簪花已经成为必须遵循的礼节。《宋史》记载：“群官戴花北立，内侍进班奇牌，皇帝诣集英殿，百官谢花再拜，又再拜就坐。”这段文字很清楚地描绘了朝廷百官戴花上朝的情景。

北宋大文学家司马光在《训俭示康中》写道，由于自己出身寒门，受清白家风的影响，自己天生不喜欢豪华，以至于在皇帝为新举子举行的宴会上，也只有自己不戴花。直到同榜的举子劝诫他说：“皇上御赐的花，不可以不戴。”他才勉强把花戴上。

在宋朝，皇帝赐花往往被官员视为莫大的荣耀。在北宋初期，名臣寇准就曾被宋真宗亲自赠花，而且那朵花还极其珍贵。宋真宗亲自把花给他簪上，说：“寇准年少，正是簪花吃酒时。”一时让在场的人好生羡慕。

在宋朝，在不同的场合，皇帝所赐的花也是不同的。宰相蔡京的儿子蔡绦在《铁围山丛谈》中曾有记载，称在上元游春或皇帝出行时的小规模宴会上，大臣们要簪戴珍贵的“滴粉缕金花”；在春秋两次大宴上，要簪戴罗帛花；在为帝后举行的“生日宴会”上，如果有辽朝的代表参加，就要簪绢帛花，以表示礼俭。以上所说的这几种花都是人工制作的布花。

到南宋时，“御宴簪花”的制度更加规范，皇帝所赐的花色和数量因官位的不同而不同。其中一等为大罗花，二等为栾枝，三等为大绢花。

《宋史》记载：“大罗花以红、黄、银红三色，栾枝以杂色罗，大绢花以红、银红二色。罗花以赐百官；栾枝，卿监以上有之；绢花以赐将校以下。”

宋朝男子簪花的习俗对后世也产生了很深的影响，在元、明、清三朝，都继承了宫廷宴会时赐花簪花的礼仪，一直到清朝末年才逐渐消失。

而且到了今天，男子簪花的现象几乎绝迹了，不过，宋朝人这种簪花习俗也在中国风俗史上留下了浓重的一笔。

你也想吃鱼了？有点儿难

“告诉那谁，我想吃鱼了！”

对现代人而言，鱼早已经成为日常极为普通的食材，但是你可能想不到，在古代，吃鱼可不是一件容易的事。而且在很长一段时间内，鱼被视为龙的前身，享有神圣无比的地位。

早在春秋时期，大思想家孔子的儿子出生了，当时鲁国的国君鲁昭公听说了，立即派人送了一条大鲤鱼作为贺礼。孔子非常感激，感激到什么程度呢？他把“鲤”字当作了自己儿子的名。可见在当时，鱼还是地位的象征，普通人是吃不到的。

孟子也曾在自己的文章里写道：“鱼，我所欲也；熊掌，亦我所欲也。二者不可得兼，舍鱼而取熊掌者也。”这句话翻译过来就是：“我喜欢吃鱼，也喜欢吃熊掌，如果只能选择其中之一，我就舍弃鱼而吃熊掌。”可见在当时，鱼已经能和珍贵的熊掌有一拼了。

到了战国时期，齐国的孟尝君招贤纳士，按能力分别给予他们三种不同的生活待遇。冯谖作为门客之一，最开始吃的是下等门客的粗茶淡饭，是根本无法享受到鱼的美味。后来地位上升了，才过起了食有鱼的幸福生活。

到了后来，随着人们捕捞技术和养殖技术的提高，鱼才逐渐普及开来，成为比较大众化的食材。不过，鱼的种类很多，不同的鱼，价钱也不一样，口味也不一样。那么，在古代人们喜欢吃什么鱼呢？

在周朝时期，鱼中以鲤鱼为贵。《诗经·陈风·衡门》中写道：“岂其食鱼，必河之鲤？岂其取妻，必宋之子？”这几句诗的意思是，难道想要吃鲜鱼，一定要吃来自黄河的名贵的鲤鱼才可以吗？难道娶妻子，一定要娶才貌双全的宋国子姓的贵族女子才可以吗？整体就是告诉人们，要懂得知足，只有适合自己的才是最好的。

唐朝以后，鳜鱼逐渐成了人们的最爱。大诗人张志和《渔歌子》曾写道：“西塞山前白鹭飞，桃花流水鳜鱼肥。”岳飞的孙子岳珂也写道：“赤壁江头白羽挥，鳜肥西塞酒同携。”即使到了现代，肉质鲜美的鳜鱼依然是一种比较名贵的鱼类。

喜欢鳜鱼的同时，人们又被肉嫩鲜美的鲈鱼所折服。晚唐诗人李珣曾写道：“春酒香熟鲈鱼美，谁同醉？缆却扁舟篷底睡。”

不过，相对其他鱼，鲈鱼非常难捕捉，捕鱼者要付出与惊涛骇浪搏斗的艰辛。大文学家范仲淹《江上渔者》曾写道：

江上往来人，但爱鲈鱼美。
君看一叶舟，出没风波里。

鲈鱼也细分好多品种，其中以松江四鳃鲈最为珍贵，有着“江南第一名鱼”之美称。早在隋朝时期，四鳃鲈还是难得的贡品，受到了隋炀帝的称赞：“金荠玉脍，东南佳味也。”

除了鲈鱼，河豚也颇受人们欢迎。大文学家苏轼写道：“蒌蒿满地芦芽短，正是河豚欲上时。”虽然其有剧毒，但还是被列为“长江三鲜”之首。

到了明朝时期，鲥鱼成了人们的最爱，上至皇亲朝臣，下至贩夫走卒，都喜欢这道美食。鲥鱼主要产在南京附近，明成祖朱棣迁都北京后，还念念不忘鲥鱼，于是派专人通过冰块保鲜的方式，从水路运往北京。

在古代，随着鱼的种类越来越多，吃鱼的花样也越来越多。

最早的时候，人们是将鱼切成薄片直接生食的，称之为“脍”。生吃鱼类虽然很鲜美，但是却不太卫生，所以也难免会生病。

《后汉书·华佗传》记载，广陵郡太守陈登得了病，心中烦躁，脸色发红，华佗为他切完脉说是吃生腥鱼、肉造成的。于是，他开了药让陈登服下，一顿饭的工夫，陈登便吐出了一些红色的小虫，而小虫的一半身体还是生鱼脍。

除了生吃，古代另一种吃鱼的方式叫作“炙”，也就是烤鱼，这种方式至少在春秋时期就存在了。史书记载，在春秋末年，勇士专诸就是把锋利的宝剑藏在了烤鱼的肚子里，才最终刺死了吴王僚。

如果捕的鱼多了，人们还会将其制成咸鱼，也称鲍鱼。《史记·秦始皇本纪》中记载：“会暑，上辒车臭，乃诏从官令车载一石鲍鱼，以乱其臭。”

这段话的意思是，秦始皇死后，赵高等人秘不发丧，但由于正值暑天，不久卧车内秦始皇尸体开始发臭，赵高就以诏书命令车队拉了一石咸鱼来掩盖臭味。

当然，作为礼仪之邦，中国人吃鱼的时候也有规矩，比如说“食鱼无反”，意思是吃鱼的时候，一面吃完了不要翻转过来，因为渔民忌讳，担心捕鱼时翻船。还有一种说法是，鱼如果翻转了，腥味就会散发出来。

总的来说，鱼对于中国人来说太重要了，其早已超越了食材的含义，融入了文化之中。如多吃鱼寓意着“多子多福”“年年有余”等。

古代上班迟到怎么办

公元815年的一天早晨，天还没有亮，在京城的一条街道上，一名官员骑着马，带着几名仆人正急匆匆地赶路。由于天还没亮，人们还在熟睡中，除了他们，街上没有一个行人。

当时正值唐朝，这名官员正是当朝宰相武元衡。此时，他骑在马上，脑子里还在想着上朝要上奏给皇帝的内容。但是他万万没想到，在暗处，早已经埋伏了几名刺客，他已经成为刺客眼中的猎物。

其中一名刺客先用箭射灭了仆人提的灯笼，然后又将那名仆人射死，另一个刺客突然冲出，用大棒猛击武元衡的左腿，那匹马也受了惊，一下子将武元衡掀下马。武元衡还没反应过来时，一名刺客已经冲到他的跟前，将其头颅割下，仅留下没有头的尸身，然后扬长而去。

与此同时，在另一条街道上，武元衡的助手裴度在上朝的路上也遭到一批刺客的袭击。但幸运的是，裴度只受伤倒在了水沟里，后及时被人发现加以治疗而活命。这就是当时震惊朝野的武元衡遇刺案。且不谈论这件刺杀案的原委，还有一点很值得人们议论，身为唐朝的宰相，怎么要那么早去上朝呢？比现代人上班还辛苦。

实际上还真是这样。在现在人眼中，在古代当官是多威风的一件事呀！站在朝堂之上，面对皇上，纵横捭阖，侃侃而谈。但实际上，那些朝臣风光的背后，也有说不出的辛酸。就拿这早朝来说，许多人就苦不堪言，因为那时候的早朝，可真的是早啊！

早在春秋时期，《诗经》中就有描写官员上早朝的诗句，而且还是以妻子的口吻写的："鸡既鸣矣，朝既盈矣。"翻译过来就是，妻子推醒了还在熟睡中的丈夫，说公鸡已经开始鸣叫了，恐怕上朝的人已经到了。你赶紧起来吧！

相对其他朝代来说，这名官员还是很幸福的，至少能睡到天亮，或许家距离朝堂比较近的原因，也许是考勤的时间不严格。

但到了封建王朝时代，那就是另一番景象了。比如在明朝，《大明会典》中记载，为了早朝，大臣们往往在半夜就起床，必须在凌晨 3 点的时候到达午门等候，5 点左右，宫门打开，百官就要排好队伍进宫面圣。

清朝的律法也规定，早朝大概在 5 点到 7 点的时间开始，而大臣们必须在 3 点到 5 点左右在宫门外等候。

要知道，在当时交通不便，许多官员要穿过半个京城才能到达，可想而知，他们要起多早了。而且在那个年代，也没有电，所以即便是京城的繁华街道，也没有路灯可言，结果就是"戊夜趋朝，皆暗行而入，相遇非审视不辨"。也就是说，官员们上朝的时候都在黑暗中摸索前进，即便相遇了，也看不清谁是谁。

上早朝在这样的黑暗中前行，也难免会造成悲剧。曾经发生过因在雨夜上朝，天黑路滑，一不小心跌入御河而被淹死。

上朝这么危险，缺勤或者迟到不行吗？或者罚些俸禄不行吗？你想多了，如果上朝迟到，受罚责骂那是轻的，重一点儿会挨板子，再重一些还会丧命、抄家。

就是说缺勤 1 天处笞 20 小板，每满 3 天加一等，满 20 天处杖打 100 大板。上述考勤制度实际上已成了司法条款，迟到、旷工成了违法行为。

赵孟頫是我国古代著名的书画家之一，深受元世祖忽必烈的赏识，担任过尚书省兵部郎中的职位，也属于高级干部。

当时，丞相桑哥负责抓考勤，他规定官员必须准时到岗，如果迟到就要受到惩罚，而且这种惩罚极具侮辱性——打屁股。而且，桑哥还专门安排了一名断事官负责执法。

这一天赵孟頫迟到了，结果被断事官发现了。这名断事官的脸比包公还黑、还铁，立刻把赵孟頫按倒在地，狠狠地打了一顿板子。

赵孟頫是个文人，很好面子，哪里受过这样的侮辱。打完后，他一瘸一拐地找到了副丞相叶李哭诉，这下子京城中的所有大臣几乎都知道了。桑哥闻听此事，也有些害怕，因为他知道现在赵孟頫可是皇帝身边的大红人，于是赶紧亲自去慰问，还将其送回家中养伤。

由此可见，在古代，上朝制度还是很严格的，不管你当多大的官，在皇帝面前有多红，都得遵守。如果不遵守，还真不是罚款扣钱的问题。

如果这样上早朝，你还想穿越做古人吗？

第四章

文化杂谈

你不知道的历史冷知识

哪本书颠覆了人们对历史的认知

作为炎黄子孙，尧、舜、禹的故事大家一定耳熟能详。相传，这三个人都是远古时期贤明的部落领袖。尧帝年老的时候，就把首领的位置传给了大舜，而不是传给自己的儿子丹朱；舜帝年老之后，也把首领的位子传给了治水有功的大禹。后人把这种传位方式叫作禅让，这种传位方式也深受后人赞扬。

但是，假如有一天，有人告诉你，禅让制是假的，尧帝没有主动传位给大舜，舜帝也没有主动传位给大禹的时候，你会有什么反应？

不相信？但是这件事情很可能就是真的。

三国结束后，我国历史进入西晋时期。在开国皇帝晋武帝司马炎在位的时候，在河南省汲县发生了一起盗墓事件，而这件事对中国历史产生了重要影响。

那是一个伸手不见五指的黑夜，一个叫不准的盗墓贼挖开了一座古墓，进入墓室后不久，火把就燃尽了。巧的是，不准发现墓室堆放着好多竹简，于是便顺手摸起一把点起来照明。

借着火光，不准把墓室里的财宝搜刮一番后便逃走了。后来这件事被官府知道了，而且还逐级上报到了司马炎那里。司马炎对古墓中的财宝并没在意，但听说里面有大量竹简时，便预感到此墓非同一般，连忙派官员们对竹简进行保护并加以整理。

后来，人们才知道，这座古墓的主人正是战国时期的魏襄王，也称魏安釐王，而那些竹简正是魏国史官编写的一本史书。

大家都知道，秦始皇统一中国后，曾发布“焚书令”，将除秦国的书籍以及原六国中关于农业等书籍外，其余的书籍全被烧毁。所以秦朝以后，人们很难找到齐国、楚国等国家的书籍了。

而这些竹简是在秦朝建立之前被埋入地下的，所以得以幸运地保留了下来。但是，晋朝的官员们整理这些竹简的时候麻烦也不少，主要因为秦朝之前，各个诸侯国之间的文字也是不同的，可想而知，解读竹简上的文字是一个多么耗时耗力的工程。

好在经过努力，晋朝的官员把这些竹简解读成功，并重新编了部编年体通史。因为这些文字来自出土的竹简，所以这部史书被称为《竹书纪年》，也叫《汲冢纪年》或《古文纪年》。

《竹书纪年》一共十三篇，记载了夏、商、西周和春秋、战国时期的历史。事件按照年份依次编写，周平王东迁后用晋国纪年，三家分晋后用魏国纪年，一直到魏襄王二十年为止。

最令人惊讶的是里面的内容，可以说完全颠覆了人们对历史的认知。

比如我们刚才谈论的尧舜禹和禅让的故事，《竹书纪年》却写道："昔尧德衰，为舜所囚也。舜囚尧于平阳，取之帝位。舜放尧于平阳。舜囚尧，复偃塞丹朱，使不与父相见也。"

大意是：尧年老之后，被舜囚禁在了平阳，随后，舜取得了帝位，并将尧的儿子丹朱也流放了，并且不允许他和尧见面。

文字虽然不多，但足以证明，舜取代尧必定经过了一场腥风血雨，而不是和平交接。

在西周末年，周厉王执政时期，这位君王采用高压政策，百姓苦不堪言，甚至在路上碰到熟人，也不敢交谈招呼，只用眼色示意一下，然后匆匆离开，这就是成语"道路以目"的来历。

最后，都城里的人们实在忍无可忍了，于是便发动起来，把周厉王赶走了。这就是历史上的"国人暴动"。

周厉王走后，人们看太子还小，就让周公和召公两个人共同辅政。这个历史被称为"共和执政"。

然而关于这段历史，《竹书纪年》的记载完全不是这样。《竹书纪年》说，所谓的共和，其实是一个人的名字。当时，周朝有一个诸侯国叫"共国"，君主的名字叫"和"，他趁着周王朝动乱，夺取了大权。

也就说，《竹书纪年》对"共和执政"的解释是：共国一个叫和的君主来执掌国政。

当然，在《竹书纪年》里面类似这样颠覆人们认知的记载还很多，因此也招来了很多人的反对，认为《竹书纪年》的记载纯粹是胡说八道，在南宋时期，儒学大家朱熹直接给这本书打上了歪理、邪说的标签。

还有一点就是，现在我们看到的《竹书纪年》既非竹简上的原始版本，也不是晋朝整理加工后的版本，而是宋朝时期，人们在该书佚散了之后又重新收集、整理、编写的，所以在一定程度上也降低了其可信度和史料价值。

五千字换来的通关令

春秋时期，周天子的势力一天天衰弱，而诸侯崛起，各不服气，为了霸主的地位争来争去，天下也渐渐乱了起来。

这一天，在周朝的国都，正担任皇家图书管理员的老者突然提出了辞职，然后骑上一头大青牛离开京城，向西方而去。

也不知道走了多久，来到了函谷关前。在当时，函谷关是最重要的关口之一，也是极其重要的军事关隘。秦孝公"据崤函之固"，奠定秦之王业。也正是由于其战略地位如此重要，它一度成为地域分野的象征，并衍生出关东、关中、关外等称呼。

这名老者正要过关时，却被守关的士兵拦住了，而且还有一名士兵迅速地去向上级汇报。

不一会儿，函谷关的关令来了，他一看见那位老者，脸上满是笑容，邀请他到府中做客，还自报家门，称自己叫尹喜。

原来，这个尹喜可不简单。三天前，他正在函谷关上张望，发现一团紫色的云团正从东面而来，知道有高人即将到此，于是就叫手下的士兵留意。果然，三天后，他们等来了这位骑牛的老者。

都说腹有诗书气自华。这名老者担任图书管理员多年，读过的书不计其数，而且他喜欢清静，举手投足之间，都带有仙人的姿态，难怪士兵会拦住他。

尹喜也是个有学问的人，但他自认为还没有得悟大道，苦苦寻找高人请教宇宙的真理。在府上，尹喜以弟子的姿态，非常恭敬向老者请教。老者见尹喜对自己如此谦卑，就将自己的学说的精髓告诉了尹喜。尹喜一听大喜，没想到世上还有如此精妙的思想。

听说那名老者还没有任何著作，尹喜便盛情挽留老者将他的学说写下来，老者起初不同意，但见尹喜无论如何都不肯让自己走，于是答应了，洋洋洒洒写了一篇五千多字的文章交给尹喜，换来了一个“通关令”。

谁也没想到，这篇仅仅五千多字的文章竟影响了中国社会两千多年，这五千字就是《道德经》，并由此衍生出了中国本土最大的宗教——道教，而这位图书管理员就是我们熟知的老子。

老子真名为李耳，家乡在春秋时期的陈国苦县，也就是现在的河南省鹿邑县，曾任周朝的柱下史，负责管理典籍图书。他知识渊博，大学问家孔子还曾向他请教过。

《道德经》分上下两篇，共分成八十一章，上篇为《道经》，共三十七章；下篇为《德经》，共四十四章。全书的思想结构是：道是德的“体”，德是道的“用”。

《道德经》的核心思想是“道”，道的本性是“自然”，“人法地，地法天，天法道，道法自然”，也就是宇宙万物及社会人事都应顺应自然去发展，而不能违背自然规律，逆天而行。

老子非常崇尚生命，他在《道德经》中写道：“道大，天大，地大，人亦大。域中有四大，而人居其一焉。”也就是说，作为万物之灵的人类，可以和道、天、地并列，这是老子对人之价值的极大弘扬。

因为《道德经》的描述非常抽象，而且所说的道理非常具有普遍性，这也为后人诠释与领悟老子思想留下了广阔的空间，不同的时代、不同的人可以根据自身所处的政治、道德、思想领域，对《道德经》作出不同的解释。

在封建社会，有唐玄宗李隆基、宋徽宗赵佶、明太祖朱元璋、清世祖福临四位皇帝先后对《道德经》进行讲解，将老子的思想应用到治国安邦方面。清朝时期，大学者魏源还写了一篇《老子本义》，文章指出，老子思想的原旨就是黄老之学，老子的思想要义为治国平天下，是用来救世的。

到了近现代，人们还将老子的思想和《道德经》的内容与科学联系起来，比如，诺贝尔奖获得者李政道就曾说："道可道，非常道；名可名，非常名"与量子力学中的"测不准定律"颇有符合之处。

由此可见，《道德经》真可谓包罗万象，这也正是其之所以成为永恒经典的原因吧！

古代第一禁书都写了啥

在我国古代，封建统治者为了维护自己的统治，禁锢人们的思想，将许多书籍列为禁书，比如涉及谋反叛逆的书，涉及歪门邪道的书，还有一些描写男女情爱的书。但是，还有一本与前述内容不同，但也被历朝统治者列为禁书，而且有"天下第一禁书"的称谓。

那么这是一本什么样的书呢？作者是谁？为什么被禁呢？

先说一下这本书的作者，他就是战国时期在秦国推行变法的商鞅。商鞅是卫国国君的后人，姓公孙，所以也称卫鞅、公孙鞅，投奔秦国后，封地在商於，号为商君，所以也称商鞅。

商鞅很有才能，自小就喜欢法律，“少好刑名之学”，后来投奔魏国，却没有受到重用。当时，许多国家都发布了“引进人才政策”，尤其是秦国，对于投奔的人才，不仅给予“落户”，还享受很高的“职称”。于是，不想让自己才华浪费的商鞅来到秦国。

当时，秦孝公正打算在国内推行变法，在和商鞅谈论一番后，认为这个人思路清奇，很符合自己的需求，于是就让商鞅主持变法。

秦孝公之所以支持商鞅，有一个重要原因，就是商鞅是彻彻底底的变法派。商鞅总是宣称“治世不一道，便国不法古”，也就是说，治理国家不是只有一种方式，只要对国家有利，就不一定非要效法古人。

后来，商鞅的政策对秦国的发展确实起到了推动作用。之前，在战国七雄中，秦国一向被东方六国“以夷狄视之”，但经过商鞅变法后，秦国一下子从欠发达国家进入了发达国家之列，并为秦国后来一统天下奠定了基础。

商鞅把自己的思想写进了《商君书》中，但是，现存的《商君书》并不是商鞅一个人所写，也有后人将其思想进行汇编并加入。但是整体思想和风格与商鞅基本保持一致。

在古代，《商君书》不仅被列为禁书，而且是“天下第一禁书”。不过，《商君书》被禁，并不是所有的人都不允许阅读，而是不允许除统治者之外的其他人，尤其是老百姓阅读，只有高高在上的统治者皇帝才能阅览。

对于其中的原因，看看里面的内容就知道了。

在封建社会，农民和地主是天生的敌人。皇帝是地主阶级的代表，看《商君书》是怎样维护皇帝、压榨农民的吧。

《商君书》对农民的思想主要集中在《垦令》一文中，这篇文章的核心思想就是如何让农民死心塌地地耕种土地，为国家贡献粮食，同时不会反抗，消除对统治者的威胁。

这篇文章提到，“使民无得擅徙，则诛愚。乱农之民无所于食，而必农。愚心、躁欲之民壹意，则农民必静。农静、诛愚，则草必垦矣。”

翻译过来大意就是，国家要制定法令，不允许老百姓随便搬迁。如果这样做了，老百姓就会变得短浅、愚昧；如果老百姓变得短浅、愚昧了，那么他们就会安定下来而不擅自迁徙，农业生产就会有保障。而那些摇唇鼓舌、迷惑农民、不安心于农事的人就没有地方混饭吃，那么也只能老老实实地去务农了。将愚昧无知、性情浮躁、想法多的人意志统一以后，他们也只能踏踏实实地去种地了。农民安心务农，并且又愚昧迟钝，那些不安心务农的人也去务农，那么荒地就一定能开垦了。这样，国家的粮食就更充足了，老百姓也无法造反、威胁统治者了。

《商君书》另一个思想核心就是重用刑法，采用高压态势来震慑那些对皇权产生威胁的人。《商君书》强调法治，重刑轻赏，主张“以刑去刑”“以法去法”。

不仅如此，《商君书》还提倡“普法”，规定要有专人对全国的百姓宣扬“刑法”，以此达到让老百姓的内心产生恐惧而不敢造反。

《垦令》一文中写道：“重刑而连其罪，则褊急之民不斗，很刚之民不讼，怠惰之民不游，费资之民不作，巧谀、恶心之民无变也。五民者不生于境内，则草必垦矣。”

这段话翻译过来就是，要加重处罚力度，建立联保组织，使他们互相监视，如果一个人犯了罪，其他人一起受罚，那么这样一来，那些气量狭小、性格暴躁的人就不再敢打架斗殴，凶狠强悍的人便不敢争吵斗嘴，怠慢、懒惰的人也不敢到处游荡，喜欢挥霍的人也不再会产生，善于花言巧语、心怀不良的人就不敢再进行欺诈。这五种人不存在于国内，那么荒地就一定能开垦了。

从这些内容上来看，《商君书》主要讲的就是驭民之术，就是告诉皇帝怎么治理老百姓。不过，其中提到的一些方法极其狠毒，如果被老百姓知道一定会加以反对的，甚至会由此发生动乱。

另外，古代的那些统治者总打着“仁义爱民”的幌子，背地里却推行《商君书》那样的狠毒政策，这种矛盾的做法怎么能让老百姓知道呢？所以历朝历代的皇帝都把《商君书》列为禁书，《商君书》也就有了“天下第一禁书”之称。

“盖天说”与“浑天说”一样吗

现在我们都知道，我们脚下的地球并不是平整的大地，而是一个近似球体形状。它也不是安安静静地悬在那里不动的，而是与金星、水星等行星一起围绕太阳旋转的。

这些知识对现代人来说太普通了，就像“1+1=2”一样，就连许多小朋友都知道。但是，就是这样一个现代人看来极普通的知识，我们的祖先却经历了多少个世纪才认识到。

我国是世界文明古国之一，在很久以前，人们就开始探索我们脚下的大地和天上的星辰。

还是在远古蛮荒时代，人们凭直观认为，天在上旋转不已，地在下静止不动，由此逐渐产生了“天圆地方”的思想。到了商代后期或西周初期，人们在这个思想的基础上形成了“第一次盖天说”。

我国古代有一本数学典籍名叫《周髀算经》，它是我国现存最早的一部数学典籍，关于成书时间，有人推测是在汉朝，也有人说其成书于周朝，甚至更早。在这本数学典籍中就有天圆地方的说法。

在《周髀算经》上卷中，记载了周朝时期，周武王的弟弟周公和周朝大夫商高的一段对话，其中商高提出：“方属地，圆属天，天圆地方。”

《晋书·天文志》中也记载，周髀家云：“天员（圆）如张盖，地方如棋局。”这段话的意思是，周朝时期的数学家认为，天是半圆形的，如同张开的车盖；地是正方形的，就如棋盘一样。

但是后来，这种观点受到了人们的怀疑。

《大戴礼记》是成书于西汉中期的一部儒家著作，里面记载了春秋时期、孔子的学生曾子对天圆地方的一些看法。

单居离问于曾子曰：“天员而地方者，诚有之乎？”曾子曰：“如诚天员而地方，则是四角之不揜也。”参尝闻之夫子曰：“天道曰员，地道曰方。”

这里“员”同“圆”，是遮掩、遮盖的意思，按照曾参的理解，指出圆形的天是遮盖不住方形大地的四角的。

后来，人们经过对“盖天说”进行改良，形成了“第二次盖天说”。改良后的“盖天说”，如《晋书·天文志》所记载：“其言天似盖笠，地法覆槃（即盘，同盘子），天地各中高外下。北极之下，为天地之中，其地最高，而滂沲四隤。三光隐映，以为昼夜。”

这是说，地和天一样都是拱形的。天穹有如一个扣在上面的斗笠，大地像一个倒扣于下的盘子；北极为最高的天地之中央，四面倾斜下垂；日月星辰在天穹上交替出没，形成大地上的昼夜变化。

“浑天说”，是中国古代另一种宇宙理论。浑天，是指天是浑圆的，有人把它比作大鸟卵，有人把它比作大鸡蛋，还有人把它比作大弹丸。

这种理论最早出现在战国时期，当时，大思想家慎到便说：“天体如弹丸，其势斜倚。”意思是，天不是半球形的，而是整球形的，像弹丸一样。

不过，慎到没有谈到地的形状。最早猜测大地为圆形的，是和慎到同时代的惠施。惠施曾说，球形的大地，体积虽然有限，但一直朝南走，可以周而复始。

这种思想对后人影响很大，在西汉时期，有位名叫洛下闳的民间天文学家，制作了一个圆球形状的浑天仪，用来演示天象。

洛下闳之后，汉代人张衡对浑天说作了全面的总结，从而使“浑天说”最终成为一种很有影响的宇宙结构体系。

张衡在他所著的《浑天仪图注》中写道：“浑天如鸡子，天体圆如弹丸，地如鸡中黄，孤居于内，天大而地小。天表里有水。天之包地，犹壳之裹黄。天地各乘气而立，载水而浮。”这段话的大意是，宇宙就像鸡蛋一样，天就像鸡蛋壳，大地就像鸡蛋黄，都是圆的，大地在天的内部。

张衡不仅在理论上对浑天说作了系统的说明，还在前人经验的基础上，制作了“水运浑天仪”，形象地表述他的浑天思想。

比较之下，以张衡为代表的这种“浑天说”理论，较“盖天说”理论有了长足的进步。它认识到地球是圆球形的，而且根据这一理论，还可以解释昼夜、日食、月食等现象，还能预知日食、月食的时间。

正是由于“浑天说”这些进步性，自它出现后，便很快地被人们所接受，成为对中国传统文化影响最为深远的宇宙理论。

两千年前也有唯物主义

如果现在有人向我们煞有介事地说起妖魔鬼怪、神仙阎王等事情，我们肯定会付之一笑，因为那是封建迷信的糟粕，而我们信仰的可是唯物主义。

说到唯物主义，我们大多数人都可能有个误解，就是认为这是近代才出现的思想。实际上，早在两千年前的东汉时期，我国就有一位唯物主义思想的先驱——王充，由他还诞生了一部唯物主义的著作——《论衡》。

王充生于哪年，死于哪年，现在已经不可考了，但可以肯定他是东汉人，自幼聪明好学，青年时期曾到京城洛阳游学，进入过国家的最高学府——太学学习，并拜大学问家班彪为师。

虽然学习优秀，但是王充的仕途却非常不顺，只做过几任小官，也没什么实权，而且每次当官的时间都极短。他非常反感当时恶俗的社会风气，尤其对当时流行的天人感应等迷信说法更是痛恨，也常常为此和权贵们发生矛盾。

由于在仕途上的不顺，王充便把毕生的精力都投入写作之中，他曾写过四部书，“疾（厌恶）俗情，作《讥俗》之书；又闵（忧伤）人君之政，……故作《政务》之书；又伤（痛感）伪书俗文，多不实诚，故为《论衡》之书；晚年作《养性》之书”，但现在只有《论衡》一书被保存下来。

《论衡》全书八十五篇，二十多万字，涉及自然科学、哲学及社会生活等诸多方面。所谓“论衡”，就是权衡真伪的道理。在这部书里，王充对封建迷信思想体系进行了批判，系统地阐述了自己的朴素唯物主义思想，直接否定了鬼神的存在，是我国历史上一部不朽的无神论著作。

在当时，封建统治者们总是鼓吹“君权天授”，如秦始皇在他的玉玺上就刻有“受命于天，既寿永昌”的字样，汉朝建立后，依旧沿袭了这种思想。他们认为，天像人一样具有感情和意志，拥有着至高无上的能力；天能赏善惩恶；而皇帝的权力则是上天赐予的，皇帝按照上天的旨意来发布政令。

王充却针锋相对地指出，天是自然物体，是客观存在的平正无边的实体，它有自己的运行规律；它和人不一样，没有眼睛、嘴巴，也没有欲望和意识。

那时候由于人们知识有限，对大自然的认识能力不足，所以当有打雷闪电的现象发生时，人们就会认为这是因为人类犯了错而触怒了上天，上天因而发出警告。

王充很怀疑这种说法，他经过仔细观察和研究，认为雷电是由“太阳之激气同云雨一类阴气分争激射”而引起的，是一种自然现象，而不是什么老天发怒示警。

当时人们还流传着“夏秋之雷为天大怒，正月之雷为天小怒”的说法，王充则经过研究，提出了“正月阳动，故正月始雷；五月阳盛，故五月雷迅；秋冬阳衰，故秋冬雷潜”的说法而加以驳斥。

当然，用现代科学的眼光看。王充的说法也存在漏洞，但是他能够把雷电现象归为自然现象一类，在当时来说已经是很大的进步了。

那王充生活的时代，鬼神迷信说法泛滥，只要有自然现象不能理解的，就会被解释为鬼神的驱使，比如潮汐现象也是如此。但是王充经过仔细观察，发现潮汐的涨落与月亮的盈亏关系很大。于是他指出："潮汐之兴也，与月盛衰，大小、满损不齐同。"

除此之外，王充还对社会上广为流行的"人死为鬼"谬论进行批判。王充曾风趣地解释说，从古到今，死去的人早已经大大超过了现在活着的人。如果人死后变成鬼，那么，现在的道路上岂不是一步一鬼吗？

王充认为，人是由阴阳之气构成的，"阴气主为骨肉，阳气主为精神"，"精神本以血气为主，血气常附形体"，二者不可分离。

对此，王充还打了一个形象的比喻："天下无独燃之火，世间安得有无体独知之精！"意思就是说，天下没有离开物体而独自燃烧的火，世间怎么能有脱离形体而独自产生知觉的精神。他认为，火离不开柴草而独立存在，人的精神也不能离开人的形体而独立存在，所以世间根本不存在死人的灵魂。

王充的这些思想，充满了朴素的唯物主义，是具有进步性的，但是在当时，人们的思想还受到很大的局限，王充的思想不仅不被人们接受，而且还经常遭到社会舆论的非难，以致他的学说以及《论衡》等著作，一直被视为异端邪说，甚至遭到禁止。直到清朝，乾隆读了《论衡》之后，还认为其“背经离道”。不过，这也映衬出王充的思想非常超前。

《二十四史》竟然有一本“秽史”

我国古代的历史著作,最著名、最具权威的莫过于《二十四史》了。《二十四史》并非一本书，而是24本，包括《史记》《汉书》《后汉书》等，其客观性都被后人所认可。不过，有一本却除外，自其编写时就颇受争议，被称为“秽史”，还在当时的朝野引发了一场轩然大波。而且，因为这本史书的缘故，该书的编写者在死后还被抛了尸。

编写史书本是一件好事，为啥编写者遭到了这样的下场呢?

这本史书就是《魏书》，记载的是南北朝时期北魏朝的历史，该书的主要编写者名叫魏收。

说起魏收，也是名门之后，祖上世代为官，爷爷当过太守，父亲做过骠骑大将军。魏收从小就非常聪明，15岁的时候，写出的文章就受到文人雅士的称赞。

因为父亲是武将，虽然魏收的文章写得很好，但他还是想靠武艺来获得功名。

有一次，魏收来到边疆父亲的驻地，每天练习骑马射箭，但是他弱不禁风的样子却招来了人们的嘲笑，其中一个长辈笑着对他说：“魏公子，您手中的长戟多重啊？”

魏收多聪明啊，一下子就听出了其中的讽刺意味，感到非常惭愧。他也认识到了自己的长处和短处，于是从那时候开始，他就不再练习武艺了，而是专心读书。

魏收的文笔非常好，好到什么程度呢？史书有不少记载。

有一次，皇帝让魏收写一篇《封禅书》，以考查他的文才。魏收“下笔便就，不立稿草，文将千言，所改无几”，也就是说，魏收连草稿都没打，只一会儿就写完了一篇近千字的文章，而且还几乎没有修改。这让站在一旁的大臣们都十分吃惊，称赞说：“魏收的文才，虽曹子建的七步之才，也超不过。”

也就是说，魏收的才华已经可以和七步成诗的曹植相媲美了。

魏收虽然才华出众，但他更喜欢编写史书。不久，北魏灭亡了，北齐取而代之。在我国古代，一直有新朝代为旧朝代编写史书的惯例，所以北齐皇帝高洋得知了魏收的志向后，便让他来编写北魏的历史。

同时，高洋还鼓励魏收说：“你只管按照历史事实的真实情况来写，不要考虑史实会对我朝不利，我也不会因此而杀害史官的。”

魏收受到鼓励，信心十足，立即表示：“臣愿得直笔，早成《魏书》。”

魏收编写《魏书》，可以说是困难重重，因为可以直接继承、借鉴的文献并不多，于是他四处寻找资料，甚至查阅有关的谱牒、家传等。在这样的困难下，魏收只用了三年多的时间，就完成了《魏书》的编写，这部史书也是现存唯一一部完整的记叙北魏历史的史书。

但是，这本书一经问世，便引来了世人的批评。

为什么呢？一方面，因为编写的工作量大，魏收找了许多亲信帮忙，但这些人根本不具备编写能力，甚至连基本的端正态度都没有，把自己的祖先描绘得如同神人一般。

另一方面，魏收的为人和他的修史态度也有问题，对于和自己关系不好的人，魏收就把他们及祖上做过的好事或丰功伟绩一笔带过，或者干脆不写。他经常愤恨地说：“这些人都是些什么东西，竟敢和我作对！我抬举他就能让他上天，按一下他就得入地！”

而那些与他有亲有故的人，他在写作的时候就减恶增善。有一个叫阳修之的人曾经对魏收有恩，阳修之曾因贪婪残暴而被革职，魏收却在史书中称他为清官，说他是因为公事而被免职的。

就这样，魏收把修史当成了酬恩报怨的手段。《魏书》公布出来之后，朝野一下子炸开了锅，那些被魏收诋毁的人或他们的后人纷纷上书，说该书不公正、不公平，称之为“秽史”。于是皇帝就让大家和魏收一起讨论。

结果，在铁的事实面前，魏收无话可说。最初皇帝还袒护魏收，把攻击最激烈的人判了罪。但由于上书的人太多了，皇帝也只好下令暂时不公开《魏书》。

后来，皇帝又先后命令魏收对《魏书》进行了两次大的修改，才被准许公开发布。但是，这里面还有多少事件被篡改、多少人物被歪曲、多少真相被掩盖，后人都无法确定。

魏收这样的做法，无疑是将历史从源头进行了修改，史书也失去了意义，这在给后世带来麻烦的同时，也为他自己惹来了祸根。魏收死后，那些被他诋毁的人依然没有放过他。北齐灭亡后，魏收的坟墓就被挖掘了，其尸骨也被抛掉了。

“不孝有三，无后为大”，还有两个是什么

随着社会的发展和文明程度的提高，在当前社会，晚婚晚育的现象已经越来越普遍了，而且选择“丁克”和单身的人群也越来越多。但是，一些上了年纪的人对这种现象和行为还有些看不惯，所以也还经常出现“逼婚”“催生”的情况。如果年轻人反驳，老年人则摆出一大堆道理来，其中最常见的一句口头禅就是“不孝有三，无后为大”。

意思就是说，你不结婚、不生育小孩儿就是最大的不孝顺。

这句话之所以杀伤力巨大，甚至可以让年轻人无法反驳，主要是因为这句话可是被古人奉为圭臬的。要知道在古代，生儿育女、传宗接代可是人生头等大事。

为什么这么说呢？首先，从个人角度讲，古人倡导的是“养儿防老”。在古代，社会生产力发展水平低，经济落后，更别提退休金和养老金了，人一旦到了老年没有了劳动能力，就相当于没有了收入来源，只能靠后人来赡养。

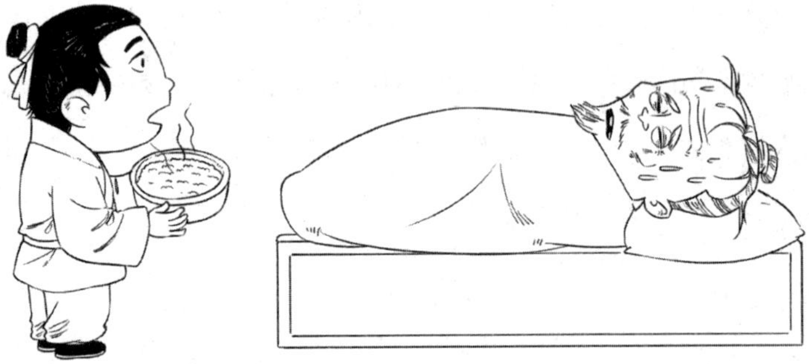

其次，在古代，农业生产大多数还靠人工，根本没有现代化的机械。也就说，谁家人多，谁家的生产能力就强，产生的财富也就越多，家庭也就越富裕。

从这两点上来说，古人不仅提倡生育，还提倡多生，所以如果没有后人那就是最大的不孝了。

当然到了今天，社会发生了天翻地覆的变化，人们的思想发生了巨大的变化，尤其是年轻一代，很少去提“不孝有三，无后为大”的观念了。不过，人们在讨论这句话的同时，是否想过，其他两个不孝的行为是什么呢？

实际上，这句俗语最早出自《孟子》中《离娄上》这篇文章，原文为，“不孝有三，无后为大，舜不告而娶为无后也。”

简单翻译过来就是，不孝顺父母的行为有三种，其中最严重的一种行为就是没有子孙。古人娶妻必须经过父母的同意，否则就是错误的。但是舜娶妻子却没有禀告父母，为的是怕没有子孙。了解舜的故事的人肯定知道，如果舜先禀告父母，他那狠毒的父亲一定会从中作梗。

到了东汉时期，有一个叫赵岐的学者为《孟子》作注释，同时在这句话的后面给出了详细的注解：“于礼有不孝者三，事谓阿意曲从，陷亲不义，一不孝也；家贫亲老，不为禄仕，二不孝也；不娶无子，绝先祖祀，三不孝也。三者之中无后为大。”

用现代文翻译就是：只知道顺从父母的意见，发现父母有过错也不指出、也不劝说，任其发展，最终使他们陷入不义之中，这是第一种不孝；家庭贫困，而父母年老，孩子们却不去当官吃俸禄来供养父母，让他们老了也吃不上饱饭，为生存而愁眉不展，这是第二种不孝；不娶妻、不生子，以至于家族没了后代，这是第三种不孝。

相对于“无后为大”，这两种不孝行为相对轻了许多，对现代人来说，这种说法也挺有意义的。

“阿意曲从，陷亲不义”，关于这个思想，最早源于《孝经》一书，这本书是孔子所述、曾子所著。这本书中有一句“子不可以不争于父”。意思是，如果父亲做出了有违礼仪的事情，儿子不能没有原则地去听从，不能因为怕父亲责罚而不去劝告。

俗话说“金无足赤、人无完人”，虽然长辈比晚辈多吃了几斤盐，比晚辈懂的道理多，但是也并不代表他们的一切行为都是正确的。如果只为讨父母开心，或者怕受到责骂而一味逢迎，最后让父母陷入了不义，那就是一种愚孝。既然是一家人，真诚最重要，有错误要指出，而不能隐瞒。

“家贫亲老，不为禄仕”，这句话在某种程度上有一定的积极意义。为什么这么说呢？在古人眼中，只有当官或者吃朝廷的俸禄才叫正路，就像现在许多求职者只认公务员、国企一样。实际上，只要人有上进心，凭双手去挣钱吃饭、养家，就是值得肯定的，就是孝敬。

不过，也有人认为“三”只是个虚数，指代很多，并非数字意义上的“三”。另外，孟子还有“五不孝”之说，“世俗所谓不孝者五：惰其四支，不顾父母之养，一不孝也；博弈好饮酒，不顾父母之养，二不孝也；好货财，私妻子，不顾父母之养，三不孝也；从耳目之欲，以为父母戮，四不孝也；好勇斗，以危父母，五不孝也。”

通俗来说就是懒懒散散不能赡养父母是一不孝；常常酗酒、赌博而不赡养父母是二不孝；贪钱吝财，只顾老婆孩子而不赡养父母是三不孝；放纵自己，天天声色犬马，使父母遭人指指点点是四不孝；在外面逞强好勇斗狠，连累父母等是五不孝。

而这里面就没有将“无后”列为不孝的行为，所以，我们也不需要用“不孝有三，无后为大”的观念束缚自己，结不结婚，要不要孩子，一切根据自己的条件和想法吧。

古代流放地，哪里最惨

社会的概念形成后，刑罚就产生了，其目的主要在于维护社会秩序。古代的刑罚与现代的刑罚相比，那可真是五花八门、多种多样，而且既残酷又不文明。随着社会的发展，一些刑罚也由于不合时宜而被废除了，比如说“流放”这种刑罚。

“流放”，就是把罪犯放逐到某一个地方进行惩罚。这种刑罚的起源很早，早在远古时代就出现了。据说，舜代替尧治国理政后，首先将“四凶”，也就是共工、驩兜、三苗、鲧这四个人流放到了四方，让他们不再危害朝廷、百姓。

到了秦汉时期，流放的刑罚逐渐形成体制，到了南北朝后期，流放开始进入五刑体制，成为死刑之下的第一等重罚。隋唐之际，笞、杖、徒、流、死五刑制正式确立。自此，流放之刑以崭新的姿态出现在中国刑罚史上，直到清朝末年，这种残酷的刑罚才被废除。

一般来说，流放的地方都位于偏远、生活环境恶劣之处，那些地方对犯人来说，没有最惨，只有更惨。

宋朝时期，大文豪苏东坡曾被一贬再贬，最后被流放到了海南。别看现在海南一带是旅游胜地，在当时可是一片蛮荒之地。

苏轼还有个朋友叫王巩，字定国，因为受到苏轼的牵连，被贬谪到岭南一带。苏轼为此十分不安。

宋朝时期的岭南曾是著名的蛮荒之地，因此也成了流放官员的“热土”。数据统计显示，整个宋朝被贬谪到岭南的官员近 500 人，这些人被流放到岭南，基本意味着政治生涯结束。

那时候，岭南地区之所以恐怖，是因为那里不仅远离政治中心，而且气候炎热，林木茂盛，水源丰富，导致蚊虫肆虐，疫病流行，尤其是一种叫“瘴”的疾病。在古代医疗条件下，一旦感染这病，那真是九死一生。唐朝大文学家韩愈被贬到岭南潮州以后还写了一首诗，描述道：“知汝远来应有意，好收吾骨瘴江边。”

相对其他朝代，宋朝有优待士大夫之风。宋朝官员只要不是犯了重罪，极少被判处死刑，最多只是贬官流放，而且流放地，像海南、岭南，虽然恐怖，但还不是最恐怖的，最恐怖的当属沙门岛。

据《宋史刑法志》记载：“配隶重者沙门岛寨，其次岭表，其次三千里至邻州。”可见在当时，判处流放最重的就是沙门岛。

读过《水浒传》的人都知道，小说中写：在晁盖等人劫取了生辰纲后，梁中书为了尽快追回丢失的财宝，就派人去恫吓负责此案的济州府尹，只一句“请相公去沙门岛走一遭”，就把该府尹吓得半死。

另外，玉麒麟卢俊义被管家陷害要判死刑，最后费了好大一番周折后才改判刺配沙门岛。

那么这个令人闻之色变的沙门岛到底在哪里呢？资料显示，沙门岛就是如今烟台市下辖长岛县内西北海域中的长山岛。现在的长山岛风景秀丽，是个度假的好地方，但是在唐宋时期，那可是人间地狱。

《宋会要辑稿》记载，宋嘉祐三年（1058 年），京东路转运使王举元向宋仁宗报告沙门岛上犯人的情况：“计每年配到三百人，十年约有三千人，内除一分死亡，合有二千人见管，今只及一百八十，足见其弊。”

也就是说，岛上本应有两千犯人，但是经过核查，却发现只有 180 人，死亡率之高，让人色变。

可以说，在宋朝，犯人到了沙门岛就等于到了鬼门关。到了清朝时期，又出现了一个恐怖堪比沙门岛的地方——宁古塔。

对于这个地方，喜欢清代宫廷剧的人肯定都熟悉，因为在清宫影视剧中，常常会出现“流放宁古塔”的台词，而这时候，听到的人通常会大惊失色甚至会昏死过去。

实际上，宁古塔不是塔，是满语，本义为“六个”。在满人的发音中，宁古二字的意思为“六”，而塔则是“个”的意思。相传，清太祖努尔哈赤曾祖父所生的六个儿子曾经在此居住过，为了纪念，就改名叫“宁古塔”。

一般认为，宁古塔位于现在的黑龙江省牡丹江市海林市范围，在清朝时期，这里环境恶劣，遍地积雪，是极苦寒之地。尤其到了冬天，温度长期在零下 40 摄氏度左右，根本没有吃的。

被流放到宁古塔的犯人，要戴着枷锁步行前进。距离远不说，在荒山野林还不时有野兽出没，一不小心就成了野兽的食物。所以许多人还没到达宁古塔，就死在了路上。另外，即使犯人侥幸到了宁古塔，也面临水土不服、吃不饱、穿不暖的困境，很难熬过重体力的劳动和寒冷的气候。

《富春山居图》为啥那么传奇

在我国，书画界一直流传着“中国十大传世名画”的说法，其中有两幅最为人们所熟知，一幅为《清明上河图》，一幅为《富春山居图》，前者以工笔的精致著称，后者则充满了传奇色彩。

《富春山居图》的传奇之一就是作者的经历非常传奇。

《富春山居图》的作者名叫黄公望，其究竟是哪里人，历史上没有记载，后人也说不清楚，有的说是浙江杭州人，有的说是上海人，有的说是江苏常熟人，但直到目前还没有定论。而关于他逝世的时间、地点，也没有人知道。

黄公望出生于南宋末年，成长于元代。早年的时候他以算卦为生，后来还成了道士，直到四十多岁的时候才在京城的衙门里做了一名书吏。但是，就是这样一个小小的官职都没做长久。

黄公望的上司名叫张闾，这个人凶狠残暴，最终因贪污受贿、逼死人命而被治罪，黄公望本与此事无干也受了牵连，被判刑坐了几年大牢。

出狱后，黄公望已经年过半百了，对做官早已经没了兴趣，于是便和道教师弟无用禅师云游四海，居无定所。

《富春山居图》传奇之二就是作画的过程非常传奇。

有一次，黄公望和师弟来到了现在的浙江富阳，立刻被富春山的山水所吸引并住了下来。一段时间过后，黄公望突发奇想，这么好的美景，何不画下来呢？

于是，黄公望买来笔墨纸砚，在富春江江边找到了一块平坦之处，然后拿出纸笔，对着江岸开始作画。他当初也没想到，为了完成这幅画作，竟然用了整整三年的时间。

在这三年里，黄公望几乎每天都漫步在富春山，欣赏着富春山的山山水水，感受着阴晴圆缺天气变幻下花草树木的不同，只要有触动他灵感的地方，他便立刻拿出笔墨，将它们定格在纸上。

三年后，这幅画才大功告成。这幅描绘了富春江两岸秋天美景的《富春山居图》足足有六米多长。在图画中，山峦起伏，松石挺秀，江水如镜，沙汀村舍，布局疏密有致，境界开阔辽远。

尤其在细节方面，这幅画更显珍贵。在这幅画里面，山峰有几十座，每一座的形状都不相同；树木有几百棵，每一棵的姿态都不相同。可以说，《富春山居图》既是黄公望巅峰之作，也是最后绝笔之作，更是中国最早的一部禅宗山水画。

《富春山居图》传奇之三就是其流传经历非常传奇。

黄公望完成《富春山居图》后，将其送给了自己的师弟无用。无用拿到图画后，大吃一惊，而且下了断言：这幅画的收藏价值极高，将来一定有人会为了占有这幅画而不择手段。

无用的这句话最后也成了现实，画卷在数百年流传中饱经沧桑。到了明朝成化年间，被大画家沈周收藏。沈周将这幅画挂在墙上，每天都要欣赏好几次，同时还经常邀请朋友们一起欣赏。

时间一久，沈周的一个朋友心生歹意，偷偷地将这幅画卖掉了。后来一个偶然的机会，沈周突然在画摊上见到了这幅画，真是喜出望外，急忙跑回家筹钱买画。当他返回画摊时，画已经被人买走了。沈周不禁捶胸顿足、放声大哭，后来他就凭借着记忆，背摹了一幅《富春山居图》，以慰情思。《富春山居图》真迹自此犹如石沉大海，在相当长的时间里没有消息。万历年间，《富春山居图》流传到北京，后来被明代大书画家董其昌收藏，不过由于生活困难，董其昌就把这幅画典当给富人吴达可，但终生都没赎回去。

这幅画留在吴府，传承到第三代人吴洪裕手中。吴洪裕对这幅画非常喜欢，临死前竟然下了一个惊人命令：让仆人把《富春山居图》烧了为自己陪葬，随后便死去了。

在场的人虽然感到吃惊，但也遵照执行，仆人拿起那幅《富春山居图》，在众目睽睽之下被丢入火中。眼看国宝就要毁于一旦，吴洪裕的侄子吴子文突然冲出，将这幅画从火中抢救了出来，但还是晚了一步，这幅画已被烧成一大一小两段。

《富春山居图》前段多为挺拔的大山，所以这一部分被称为《剩山图》，后面大部分有江水、松林以及无用大师的题字，所以称为《无用师卷》。

一年后，两幅画被卖入民间，走向了不同的命运。《无用师卷》流落一段时间后，在清朝乾隆年间流入到皇宫中。乾隆却将这幅真迹视为赝品，将其束之高阁，因此《无用师卷》躲过乾隆频繁题字盖章一劫。

后来，《无用师卷》被收藏于台北故宫博物院，而《剩山图》则长期流落民间，几经颠沛流离后，进入浙江省博物馆，成为“镇馆之宝”。直到2011年，这两段画才有机会合璧展出，惊艳了世人。

阳明思想为何让后人如此神往

自汉武帝之后，在我国两千多年的封建社会中，儒家思想一直占主导地位，其间也涌现了许多儒学大师，提出了许多儒学思想，不过在这些思想中，最接地气的还要数明朝王守仁提出的“知行合一”了。

说到王守仁，你可能有些陌生，但是说到王阳明，你一定会知晓。没错，王守仁就是王阳明。他年少而天赋异禀，身为儒生却能带兵打仗，处于困境时总能绝地翻盘……他集哲学家、政治家、军事家、文学家、书法家于一身，那简直就是卓越的综合性人物，由于晚年隐居在绍兴的阳明洞，所以人们便尊称他为阳明先生。

王阳明小时候的行为就不同凡响。有一次，他突然问老师："人生最重要的事情是什么？"

老师也吃了一惊，因为从来没有学生问过这样的问题，他于是坚定地回答："当然是读书做大官哪！"

王阳明想了一会儿，却说："我认为人生最重要的事是读书做圣贤。"

王阳明十一岁的时候，父亲带着他去拜访一位老和尚，还留宿在那里。那天晚上，父亲和老和尚在屋中吟诗作对，王阳明在一旁很有兴趣地听着。当时明月当空，窗外山峦重叠，王阳明忽然想到一个问题："到底是月亮大呢？还是山大？"然后还随口吟了一首诗：

山近月远觉月小，便道此山大于月。

若人有眼大于天，还见山小月更阔。

老和尚和他父亲听了，都很吃惊，认为这个孩子将来必定是个大学问家。后来，他们的预言果真应验了，但是王阳明也经历了一段艰辛的过程。

儒家思想讲究"格物致知"，但什么是格物致知，古代的典籍没有作出任何解释，如何去实现，也没有给出具体做法，"格物致知"也成了儒学思想的难题。

王阳明年轻的时候，曾经按照儒学大家朱熹的学说去格一草一物之理。有一次，他决定穷竹之理，就守在竹林中，“格”了三天三夜的竹子，结果不但没有“格”出什么结果，反倒得了一场大病。

那么，王阳明是如何完成自己的学说的呢？史书记载，有一年，王阳明在被贬谪到偏远蛮荒的贵州龙场驿。一天晚上，王阳明像往常一样，在深夜中静坐深思，突然大悟“格物致知”之道，于是高兴得跳了起来，把仆人们都惊醒了。这就是史书上所称的“龙场悟道”。

实际上，半夜悟道，多有几分演绎的成分。王阳明悟道真实的情况应该也是一个从渐悟到顿悟的过程，尤其是到了龙场驿之后，结合自身处境和宁静的环境，日思夜想，终于大悟。

王阳明总结了宋朝以来的哲学体系，提出“知行合一”的观点。所谓“知行合一”，简单理解就是认识和实践的关系，但又不是一般的认识和实践的关系。在王阳明的学说中，“知”主要指人的道德意识和思想意念，“行”主要指人的道德践履和实际行动，而知行关系，就是指的道德意识和道德践履的关系。

王阳明提出“知行合一”，目的是要人们树立一种“善”的信念，在刚产生意念活动时就依照“善”的原则去做，将“恶”消灭在刚刚萌发的时候。

王阳明认为：“圣学只是一个功夫，知行不可分作两事”“真知即所以为行，不行不足谓之知”，也就是说，知和行必须是合一的，如果没有行动的“真知”不能称为“真知”。

除了知行合一，王阳明还有很多思想对后人影响很深。比如，他曾提出：“破山中之贼易，破心中之贼难”，意思是，想要打败山里的贼寇非常容易，但是想要击败心中的阴暗面就非常困难了。

他还曾说“人之善恶，由于一念之间”。这句话的翻版就是一念天堂，一念地狱。要想成为贤良的君子，首先要从心出发，有好的念头，才有善良的言行。“千罪百恶，皆从傲上来。只是一‘傲’字，便结果了这一生。”就是说，世间一切罪恶，都源自“傲慢”，单单一个“傲”字，就足以断送一个人美好的前程。

这就是大思想家王阳明，作为儒学大家，他的思想从来不是枯燥无味、高高在上的教导，而是沁人心脾又能在生活中实际运用的良言。这也就是王阳明和他的思想深受后人喜爱的原因吧！

闭关锁国，乾隆竟是受了误导

对于我国最后一个封建王朝清朝，人们第一印象就是两个字——落后。为什么落后，实行闭关锁国的政策肯定是主因。而此时的西方，工业革命已经如火如荼地展开了，科学技术迅猛发展，由此也带来了军事实力的不断增强。

说起来，清朝刚建立的时候，闭关的目的还是为了隔绝大陆百姓与台湾郑氏抗清力量的来往。对于外贸，康熙在位的时候，还有四口通商的规定。而几十年后，外国的商船几乎都在广州进行贸易，逐渐形成了固定的贸易路线。

乾隆刚登上皇位的时候，对中外贸易的态度也比较宽容。有一次，西班牙人要到福建厦门进行贸易，当地的官吏认为“此等夷船终不宜使之源源而来，拟俟夷船回棹之日，善为慰遣，不使复来”。

乾隆却没有同意这个建议，给出了一个“慰遣之处，可以不必”的答复，意思就是说，把这些商船“劝返”实在没必要。但是，乾隆当了20年皇帝后，却突然下令，只开放广州一个口岸，这使得闭关锁国政策变得更加严格，这其中又发生了什么事情呢？

就像我们现在所说的垄断就会发生腐败一样，由于当时的贸易在广州进行，就逐渐在当地形成了一个包括行商、粤海关监督、广东地方官员在内的一个庞大的利益集团，他们垄断了对外贸易，从中也获利不少。

有一年，一些不堪受广州行商和粤海关官吏勒索的英国商人便绕过广州，来到宁波进行交易。当时，中国和英国之间贸易商品主要是茶叶和生丝，而江浙一带正是这两种物品的主要原产地。如果宁波真的成为通商口岸，最大的受益者还是江浙一带的百姓。

而且这样一来，广州的外贸垄断体制就会遭遇挑战，浙江和广东在招揽贸易方面也将展开竞争，很可能会引起贸易规模和中外交往的变化，产生有利的影响。

乾隆也有心将宁波开放，但在开放之前他想将开放利弊摸清楚，于是就任命杨应琚为闽浙总督，对浙江通商进行调查。

这个杨应琚是谁啊？他之前已经担任两广总督三年，府衙就设在广州，正是广州对外贸易利益集团的主要代表。如果这个人正直无私，从官职履历上来说，非常合适，但这个杨应琚偏偏是个大“私享”家，他哪里肯让自己的利益受到损害呢！

于是，当乾隆皇帝召见他的时候，杨应琚力陈浙江通商的弊害，理由更是冠冕堂皇，不是会破坏广州百姓的生计就是会破坏广东和浙江两省的海防，就是不说会破坏自己的利益。乾隆信了他的话，加强了闭关措施，依旧只开通广州一个口岸。

当然，一口通商和闭关政策的严格化，全部“甩锅”给杨应琚也不合理，它应该是众多历史因素合力相互作用的结果。

不过，英国商人对一口通商的限制还是不满意，总希望清政府能取消禁令。他们还派一个叫洪仁辉的英国人作为代表，再去宁波进行试探。如果达不到目的，就去天津，设法到京城去告御状。

1759年，洪仁辉偷偷地从广州由海路前往宁波，但是到达定海的时候，就被清朝水师拦住了，无法驶入宁波。无奈之下，洪仁辉只好驾船来到天津，通过行贿手段，将一纸诉状送到直隶总督的手中，然后由后者转呈乾隆。在诉状中，洪仁辉列举了粤海关官员的贪污及刁难洋商的行为，希望清政府改变外贸制度。

当洪仁辉正为自己的成功而庆祝的时候，却突然收到了清政府的驱逐令。因为自命不凡的乾隆看了他的诉状后感到自己的权威受到了挑战，认为他擅自来天津告状，不但有辱天朝的尊严，还可能是“外借递呈之名，阴为试探之计”。

当然，比洪仁辉更冤屈的是那位替他代写诉状的中国人，直接被斩首示众。而且，这件事情之后，乾隆进一步强化了闭关政策，同年，广东还制定了《防范外夷规条》，第一次明文规定了对来华外商的严格约束，外商在广州只有很小的活动余地。同年，国内生丝的价格上涨，清政府竟认为这是出口太多的原因，于是就把生丝对外贸易禁止了。

当然，乾隆一直认为自己闭关锁国的政策是高明的，在他即位五十二年的时候，还写了这样一首诗进行解释：

间年外域有人来，宁可求全关不开。

人事天时诚极盛，盈虚默念惧增哉。

在乾隆看来，目前国力虽然强盛，但以后也难免会有衰落的时候，那时候对外交往必将给国家带来危险，所以不如现在就把大门关上。这也不得不说，乾隆还真有远见，但是有远见不代表政策正确。闭关锁国百年后，英国侵略者最终还是用大炮轰开了清王朝的大门。

为啥这本书国内不火国外火

1851年，日本长崎港，深夜。

一艘来自中国的商船驶入长崎港，在接受检查的时候，被日本海关工作人员查出了违禁货物。一番争吵交涉之后，这些违禁货物被全数没收。

最让人奇怪的是，在这些违禁货物中竟然有三本书。这三本书为啥被没收呢？首先，这三本书里记录的都是外国稀奇古怪的事情，其次，书中涉及了宗教等问题。

没收之后，这三本书并没有被销毁，而是流入了日本的贵族圈。奇怪的是，不久，书中的内容就传开了，无论是从政府工作人员，还是民间的武士学者，但凡识字的日本人都为之痴迷。有关系门路的，不惜花千金托关系借来看几眼；没关系的，就寻找流传的手抄本。更有人甚至冒着生命危险，劈波斩浪偷渡中国，只为求得一本正品原版。

三年后的1854年，又一艘中国商船来到长崎港，结果海关人员一口气查出了二十多本该书。没想到与上次没收相比，这次日本海关的态度依然十分强硬：开个价吧，我们日本政府收购了。

从那时开始，这本书不仅不会被禁，而且日本政府开始公开翻译、正式出版发行，而且不出日本政府所料，这本书一上市就引发火热抢购潮，没多久就被抢购一空。

从1854年到1856年仅仅三年时间，这本书的版本就达二十余种之多，受到了当时日本人的热捧。而且在之后的50年里，这本书虽然价格连年飙升，但购买者依旧络绎不绝，堪称日本19世纪图书历史上的天价畅销书。

那么，这究竟是一本什么样的书呢？你想不到的是，这可不是什么通俗小说，而是正正经经的科学著作，名叫《海国图志》，更让你想不到的是，这本书的作者竟然是一个中国人，名叫魏源。

说到这本书撰写的缘起，还涉及一个人，就是我国著名的“禁毒”英雄林则徐。在鸦片战争打响之前的1839年，林则徐就组织人翻译英国人慕瑞1836年在伦敦出版的《世界地理大全》，译名叫《四洲志》。同时，林则徐还组织人编译有关西方近代武器的资料，打算进行仿造。

不过，林则徐对国情和统治阶层的思想十分了解，他知道，这样的书籍一旦出版肯定会遭到禁止，所以就没有将《四洲志》付梓。但是，此书的相关资料还是传了出去，林则徐也受到了责难。不久，鸦片战争爆发，清政府战败，并把罪责归到林则徐头上，将其革职发配到新疆伊犁。

林则徐前往伊犁的途中路过镇江，在好友魏源处住了一夜，畅谈到天明。林则徐就将《四洲志》等相关资料交给魏源，希望他能将其编成书。魏源也不负重托，在1842年将这些资料整理成书并出版，书名最终定为《海国图志》。

在《海国图志》这本书的第一卷里，魏源对于鸦片战争的成败得失进行了分析；第二卷介绍了世界主要国家的历史和地理概况；第三卷到第六卷介绍了南洋各个国家和印度的情况；第七卷到第九卷介绍了欧洲和美国的情况；第十卷到第十八卷则介绍了欧洲各国的宗教、历法、地理、海军、火器、货币等技术和制度优势。

总的来说，这本书的核心就是“师夷长技以制夷”，即学习西方的优秀成果来对付西方列强。但是，《海国图志》里面先进的文化、积极的思想却让大清朝那些昏庸守旧的顽固派视之如蛇蝎，他们还沉浸在天朝上国的美梦之中，甚至将这本书加以禁售。

正所谓墙内开花墙外香，这本被国人视为“敝履”的书到了日本却被视为珍宝，因为全民共读的风气推动了政府的革新。1868 年，明治维新开始，他们几乎全盘吸收了《海国图志》思想，进行西化改革，就像一个瘦弱之人突然得到了营养品一样，没多久就强壮了起来。

要知道，明治维新前的日本处处以中国为师，在经济、军事等方面腐败的清政府都比不上。而以后，全盘西化的日本迅速强大起来，最后甚至教训起师父来，在甲午战争中把清政府打得满地找牙。

有感于《海国图志》在中日两国命运、作用的大不相同，梁启超说了一句极为正确的话：“不龟（通“皲”）手之药一也，或以霸，或不免于洴澼（漂洗）絖（同“纩”，棉絮），岂不然哉！”

这句话用了春秋战国时期的一个典故。有一个能防手冻的药方，有的人自己使用，用来防止皮肤冻裂，以免耽误冬天干活，在水中辛苦地漂洗棉絮，但也仅能维持温饱；但有的人将这个药方献给了国王，帮助国王打了胜仗，自己受到了封地和封赏。

这个“不龟手之药”也和《海国图志》一样，能不能发挥作用，关键还看人啊！

第五章

风雨残迹

不会说话的历史见证者

一个阴谋成就的伟大工程

我国历史悠久，地大物博，我们的祖先更是用他们的智慧和勤劳，给后人留下了许许多多的古迹。这些古迹，有的凭借巧夺天工的奇迹让人流连忘返，有的则以惠及千年的恩泽让人感怀。

在现在的陕西省泾阳县，就有这样一座颇具传奇色彩的水利工程——郑国渠，是中国最早的大型无坝的水利工程，被人们称为“天下第一渠”。这道水渠全长三百余里，将泾河河水向东注至洛水，灌溉面积号称有四万顷之多，使得“关中平原，沃野千里”。

不过，关于这条造福天下苍生的有功之渠的修建，其中还隐藏着一段“阴谋”。

那时正值战国时期，经过商鞅变法之后，西方的秦国迅速崛起，尤其是军事实力不断增强，大有一统天下的趋势。东方六国不想坐以待毙，但如果硬碰硬也没几分胜算，于是就想各种办法，通过“软”的方式来削弱秦国。

在东方六国中，韩国不仅离秦国近，而且国力也相对弱小。韩国深知，如果秦国一旦真正发起统一攻势，自己肯定首当其冲，所以在“弱秦”上更加积极。

想来想去，韩国最终决定，派遣郑国为间谍，以私人身份前去游说秦国，让其在泾水和洛水之间开凿一条大型灌溉渠道。这个水利工程长达三百余里，在全靠人力和畜力的年代，这个工程可以说是非常庞大。

韩国这样做的目的就是“疲秦”，让秦国的人力、财力全部消耗在这样的大型工程上，使秦国无法向东进行大规模的军事行动。

郑国是韩国新郑人，是当时著名的“水利工程师”，为了保护自己国家，郑国毅然接受命令，以个人的名义来到了秦国。

此时，在秦国当政的正是嬴政，也就是未来的秦始皇。他为了发展国力，正广揽天下英才，当郑国来到秦国后，其水利工程师的身份立即引起了嬴政的注意。

等到嬴政召见自己时，郑国立即献上了在泾水和洛水之间开凿一条大型灌溉渠道的建议，同时声称，如果水渠建成，可以让秦国的粮食产量增加三至四倍，以后秦军征战四方，就不会有后顾之忧了。

郑国的话深深地触动了嬴政的内心。此时的嬴政，正怀揣一统天下的野心，但也知道将来一定会遇到粮草的问题。经过一番慎重考虑，嬴政同意了郑国的提案，并让他主持修建。

和郑国的设想一样，为了修建这个庞大的水利工程，秦国投入了大量的时间和金钱，从公元前246年开始，一直到公元前238年，郑国渠都没有完工，而在这段时间里，秦国也没有办法攻打韩国。

就在韩国为自己的“阴谋”得逞而高兴的时候，郑国奸细的身份却被人揭穿了，其建议修建这条水渠的真正意图也暴露了。嬴政大怒，立即派人前去逮捕郑国，打算杀之而后快。

郑国见“阴谋”败露，当前最重要的一件事就是保全自己的性命，因为这项工程也是一件利民的大事。而自己必须想一个法子来说明建设这项工程对秦国的好处。因此，郑国面对嬴政遣来的使臣，辩解说：“始臣为间，然渠成亦秦之利也。臣为韩延数岁之命，而为秦建万世之功。”

郑国的意思就是说，这项工程虽然是个阴谋，但也不能阻挡韩国被灭的趋势，只不过多支撑几年罢了，但是对秦国来说，却意义深远，能够惠及万世，而秦王的英明也将千古流芳。

嬴政听完之后，觉得郑国所说很有道理，更何况修建到一半的郑国渠也不可能半途而废，于是嬴政就继续让他修建这条水渠。

10 年之后，郑国渠终于完工，而事实也正如郑国所说。《史记·河渠书》记载：渠成，注填淤之水，溉泽卤之地四万余顷，收皆亩一钟，于是关中为沃野，无凶年，秦以富强，卒并诸侯，因命曰“郑国渠”。

对于郑国来说，这次的任务是成功的，韩国也确实因此多延续了十几年。

而对秦国来说，意义更大。从此之后，秦国粮食产量大大提升，无论是老百姓还是军队，再也不用为粮食问题担心了。而且，高产的土地也减少了许多劳动力，为前线提供了大量的兵源，这些都为嬴政一统天下奠定了坚实的基础。

而颇为喜剧的是，嬴政在统一东方六国的过程中，第一个消灭的就是韩国。

“两佛并坐龛像”背后的故事

山西省大同市向西大约十五六千米的地方，有一座低矮的丘陵，名叫武州山。武州山本是一座普普通通的小山，但是在其南侧的山脚下，却隐藏着一座艺术宝库，后人将其称为云冈石窟。

在我国，共有四大石窟艺术宝库，云冈石窟就是其中之一，它开凿于北魏时期，前后持续了大约70年才建成。

云冈石窟大大小小的窟龛有二百五十多个，较大的洞窟有四十多个，虽然说每个洞窟都是艺术的精品，但非要挑出最精美的一窟，那么一定非第六窟莫属了。在这座石窟中，人们找不到任何一块未经雕刻的石头，每一个边边角角都被细致地镌刻过，达到了当时工艺水平的极致，这座石窟也被称为“云冈第一伟窟”。

第六窟之所以被制作得如此精美，主要还是为了纪念一个伟大的女性——冯太后。这位冯太后曾两次摄政，辅佐过北魏的两个皇帝。在该窟中，有一个非常典型的雕刻——“两佛并坐龛像”，也就是两尊佛在同一个佛龛中并坐，这在佛教雕刻史上绝无仅有，而这组雕像正是表达对冯太后摄政的肯定。

大家都知道，北魏是鲜卑族建立的国家，但是冯太后却是汉人。而且，冯太后的祖上很不简单，他的爷爷名叫冯弘，是北燕的末代皇帝。后来，北燕被北魏灭掉，冯弘被杀，但他的儿子冯朗却成了北魏的高官，冯朗就是冯太后的父亲。后来，冯朗因为犯罪而被诛杀，冯氏则被掳至宫中，成了拓跋濬的妃子。拓跋濬继承了皇位，史称文成帝，冯氏也被选为贵人。

在当时，北魏宫廷沿袭着一个传统：为了防止后妃专政，太子的生母都要被杀掉。当时太子的生母因而被杀害，冯氏就此成了皇后。

拓跋濬死后，他的儿子拓跋弘继承了皇位，史称献文帝，冯氏被尊为太后。当时，拓跋弘才 12 岁，丞相乙浑欺负他们孤儿寡母，就想篡夺皇位。但他没料到这位冯太后可不是一般的人物。还未等他动手，冯太后“密定大策，诛浑”，然后把朝政大权掌控到了自己的手中。

等到拓跋弘的儿子拓跋宏出生后，冯太后就把大权交给了献文帝，专心抚养刚出生的拓跋宏。拓跋宏在冯太后的“躬亲抚养”下，不仅熟读诸子百家，还认真学习历代帝王的统治思想与经验。为了培养好皇位接班人，冯太后还写了《劝诫歌》三百余章，《皇诰》十八篇，以此来教育孝文帝。

拓跋弘对帝位并不感兴趣，当了几年皇帝后，就把皇位传给了儿子拓跋宏，也就是孝文帝。孝文帝最著名的一件事就是迁都洛阳，推行汉化。

孝文帝刚继位时年龄还小，朝政依然由冯太后把控着。冯太后是汉族人，崇尚儒学，所以在执政期间，任用汉族官员，积极推行汉文化，还对鲜卑族的民族风俗进行改革，学习汉族的生活方式和典制，这些都深深影响了拓跋宏。

冯太后虽然权力很大，但是她生性朴素，只穿没有花纹的衣服，而不喜欢华丽的服饰。

拓跋宏在位期间，冯太后还和他一起进行了一系列政治制度的改革，尤其是颁布了俸禄制。在当时的北魏，无论官职大小，都是没有俸禄的。做官没有俸禄，他们的生活费用从哪里来呢？除了靠皇帝的赏赐，剩下的只能靠贪污、受贿以及搜刮民脂民膏了。

冯太后和孝文帝一商量，决定效仿汉人的制度，实行“班俸禄”，也就是根据官员的品级高低、官职大小来制定俸禄的多少，所有官员的俸禄都由国家承担，此后各级官员都不允许再从其他渠道获取收入了。

为了更好地推行“班俸禄”，冯太后也没有搞一言堂，而是在正式执行之前，和群臣进行了大讨论。结果，大多数官员都同意施行“班俸禄”，于是，冯太后发布命令，在全国推行这种制度。

同时，为了更好地把这项制度执行下去，冯太后还专门派使者到各地去巡察，如果发现官员有贪污、受贿、搜刮百姓的行为，无论官职大小、亲疏远近，一律正法。结果在实行“班俸禄”的第一年，就有四十多名官员被处死了。

在冯太后的治理下，北魏很快强盛起来，虽然朝廷里的官员多为鲜卑人，但他们对这位汉人太后非常尊敬。拓跋宏对冯太后更是既感激又崇敬，冯太后死后，他悲痛得连续五天一口水都不喝，还在冯太后的陵墓东北不远的地方修建了自己的陵墓，以表达对冯太后的景仰。

是谁玷污了法源寺

我们常说，在这世界上，有两种事物不能让人直视，一个是太阳，一个是人心。

不过，它们虽然不能直视，但建筑却可以。在北京城中就有这样的一座古刹，它不仅见证了历史上许多名人的大忠与大奸，更是见证了数个朝代的兴与亡。

是不是觉得有些夸张了？还真不是。

这座古刹的名字就叫法源寺。说起法源寺，它的历史可比北京城还要早。那还是唐朝刚建立不久，第二代天子李世民御驾亲征辽东时路过此地，为了激励将士们，他搞了个誓师大会。

出人意料的是，这个为唐朝打下至少四分之三江山的神武皇帝，却在辽东吃了败仗，一下子损失了十万兵马。在回师途中，李世民又经过誓师之地。当时正值风雪交加，他百感交集，“深悯忠义之士殁于戎事”，于是就下令就在此地建造一座佛寺，来安抚他们的亲人。

不过，李世民的这个愿望在生前并没有能如愿。直到武则天登基后，佛寺才完成工程。这位才情满腹的女皇帝将其赐名为“悯忠寺”。

“悯忠”的意思就是哀怜忠贞之人的意思，但是，除了忠贞，法源寺也与一些大奸之人不期而遇。

第一个登场的就是将唐朝搞得地覆天翻的安禄山，但他的登场却是以一个忠臣的身份出现的。下面请看他的表演。

史书记载，安禄山非常胖，肚子非常大，有一次，唐明皇李隆基见了他，便开玩笑地说："爱卿，你的肚子这么大，里面装的是什么啊？"

一听这话，安禄山一下子演技上身，立马收起嬉皮笑脸，变得既严肃又可怜，说："臣的肚子里装的是对皇帝的一颗忠心！"

如此肉麻的话语，一般人听了都得起鸡皮疙瘩，但李隆基却不知道犯了哪门子邪，竟然将此话当真，深受感动。从此，他对这位臣子更是宠信。而安禄山的势力和私欲更是一天天膨胀起来。

所谓"大忠必奸"，安禄山的忠心很快就露了馅儿。待到羽翼丰满之时，他便腆着他那装着忠心的大肚子，起兵造起了唐朝的反。

把李隆基赶出长安后，安禄山得意洋洋，特意在悯忠寺东南角建造了一座十丈高的塔，取名"天垢净光宝塔"。但不久，一场大火从天而降，将这座宝塔化为灰烬。这可能是老天早已看穿了安禄山的"忠心"吧。

悯忠寺，被这样一个欺诈小人所玷污，真是太可惜了，然数百年后，悯忠寺迎来了一位真正的忠臣。但是这位忠臣的际遇却是悲壮的——处死的罪名就是"不忠"。

那是到了明朝末年，蓟辽督师袁崇焕受命镇守辽东一带。袁崇焕虽然是文官出身，但是打仗很有一套，连后金的最高统治者努尔哈赤都死在了他的炮火之下，沉重打击了后金军。

后来，皇太极成了后金的统治者，他将国号“金”改为“清”，同时改变了战术。他见正面硬的不行，就决定来软的，设计除掉袁崇焕这个心腹大患。

1629 年，皇太极率领数千八旗勇士，绕过袁崇焕，向西穿越现在的内蒙古一带，然后再南下，兵锋直抵北京城下。看到突然到来的清军，崇祯皇帝和大臣们立刻就慌了。

幸亏袁崇焕提前得到消息，亲率九千骑兵星夜兼程赶到京城，在广渠门外与清军大战数场，才将局势稳定。

本来这是大功一件，但是崇祯却从两名被清军俘虏、而后又逃回来的太监处得知，袁崇焕早已和皇太极有勾结，顿时勃然大怒，不仅没有重赏，反而将袁崇焕下了大狱。当然，这个自以为高明的崇祯皇帝恰好上了皇太极的当，那两名太监恰恰是他偷偷放回去的。

半年之后，崇祯又下诏，以里通外国、意图谋反等罪名寸磔处死了袁崇焕。所谓“寸磔”，就是古代最残酷的刑法——“剐刑”。

袁崇焕一死，朝中再无大将，这些人或是惧怕袁崇焕的悲剧降临在自己头上，畏畏缩缩，不敢请兵；或是倍感寒心，投降了敌国，大明江山就这样苟延残喘了十几年后，便走向了灭亡。

袁崇焕死后，身上唯一成形的东西就是人头了，那还是崇祯皇帝特地留下它来警告大臣的。后来，袁崇焕的部下，一位姓佘的义士冒着诛灭九族的危险将人头盗出，运往悯忠寺。寺里的高僧也知道袁崇焕是被冤枉的，甘愿冒着风险为袁崇焕做了法事。

后来，这名佘义士又将袁崇焕的遗体掩埋在自家后院，自此，佘家世代为袁崇焕守墓，这一守就是三百多年。

这便是历史和人们开的玩笑。奸臣安禄山被认为是忠臣，真正忠臣袁崇焕却被认为是奸臣，就在这忠与奸的变幻中，两个盛极一时的王朝都走向了灭亡。

甥舅和盟碑是怎么回事

如果你有时间去拉萨的大昭寺，一定会注意到寺庙前的石围栏内有一块扁柱形、上有顶盖的石碑。这块石碑四面都刻着文字，分别用藏汉两种语言写成。

熟悉历史的人都知道，这块石碑名叫唐蕃会盟碑，也称长庆会盟碑，还有一个更通俗的名称，叫作甥舅和盟碑。

甥舅和盟碑？大家听了是不是有些纳闷儿，难道是外甥和舅舅打架和好后立的纪念碑？没错，正是这样。不过，这位外甥和舅舅可不是一般人。

关于这一家人的事情，还要从唐朝时期说起。唐朝建立后，周边还存在着许多国家，比如西南部有吐蕃、南诏，西部有吐谷浑、回鹘等。李世民当了皇帝后，和吐蕃的关系不错，就把宗室的一个女孩子封为文成公主，然后嫁给了吐蕃的赞普松赞干布，赞普相当于中原的皇帝。

“和亲”之后，唐朝和吐蕃的关系非常密切，吐蕃赞普对唐朝皇帝多以外甥自居，如同一家人一般。不过俗话说得好，勺子总有碰锅沿的时候，一家人也总有闹矛盾的时候。

松赞干布死后，他的孙子继位为赞普。不久，吐蕃和邻国吐谷浑发生了矛盾，打起了外交战。两个国家之间的分歧太大，于是便请唐朝的皇帝做裁判，给评评理。

那时候，李世民已死，唐高宗李治在位。这位皇帝不太重视这件事，迟迟没有下达裁决。吐蕃和吐谷浑可等不下去了，既然谈不下去，那就看谁的拳头硬吧。于是两个国家就打了一仗。结果，吐谷浑不是对手，被吐蕃灭了国。

这下子可把李治气坏了，他派大将薛仁贵带兵去教训一下吐蕃。谁承想吐蕃不服气，尤其是已经把吐谷浑灭了，气焰变得更加嚣张，决定出兵迎敌。

这场战争下来，吐蕃又赢了，不仅消灭了唐朝派来的十万大军，还顺便把龟兹、于阗、焉耆、疏勒等西域四镇的大部分土地也夺去了。

这场战争对吐蕃来说可谓意义重大，相当于举行了一场“成人礼”，从此之后，吐蕃不再惧怕大唐，而且还连年兴兵进犯大唐边境。

“一代女皇”武则天执政后，对吐蕃十分不满，派大将王孝杰出击，将吐蕃击败，收回了西域四镇。

吞到嘴里的肉又被迫吐出来，吐蕃岂能善罢甘休，派兵攻打几次后都以失败告终。吐蕃不甘心，就巧施“美人计”，把公主嫁给了小勃律国的国王。小勃律国地处大唐和西域二十多个国家的咽喉要道，小勃律王娶了吐蕃公主后，立即在政治上也投靠了吐蕃。不久，西域的二十多个小国因道路不通，断绝了与大唐的联系，继而都投靠了吐蕃。

此时的大唐已经进入了唐玄宗李隆基统治时期。早期的李隆基励精图治，使唐朝达到鼎盛时期。李隆基好大喜功，岂能容忍西域小国的背叛，747 年，他派大将高仙芝率领一万骑兵征服了小勃律国，恢复了大唐与西域各国的往来。

不久，安史之乱爆发，吐蕃趁唐朝内乱之际，趁火打劫，出兵占领了西域的绝大部分。而且，吐蕃的一路兵马还乘机杀进了唐朝的都城长安，抢掠一番后扬长而去，而唐朝只能在一边眼巴巴地看着，调不出一支兵力去抵挡。

此时的吐蕃可谓威风到了极点。

但是正所谓“月满则亏”，不久，吐蕃内部也发生了动乱，统治阶级开始争权夺利，导致变乱接连发生，国力也因此大减。这时候，唐朝已经平定了安史之乱，国内趋于平静，国势也逐渐强大。吐蕃害怕被报复，于是决定与大唐重修于好。而大唐呢？经过安史之乱后，再也派不出兵力对外作战了。于是，两个国家像两个打累了的孩子一样，决定握手言和。

821 年（长庆元年），大唐和吐蕃正式签订盟约，约定“彼此不为寇敌，不举兵革，不相侵谋”“合舅甥亲近之礼，使其两界烟尘不冻闻寇盗之名，复无惊恐之患，封人撤备，乡土俱安”，并将其用汉藏两种文字刻在了石碑上。

当时，两国的领导人唐朝皇帝穆宗李恒与吐蕃赞普弃足德赞（旧译“可黎可足”）还排了一下辈分，李恒恰好大上一辈，是弃足德赞的舅舅。于是，唐蕃会盟碑也被称为甥舅和盟碑。

就这样，经过了一百多年的战争，两个国家终于又走向了和平。但是，21 年后，吐蕃王朝土崩瓦解；86 年后，唐朝也宣告灭亡。

唯一被冠以“陵”的公主墓，主人有何来头

在古代王朝，社会等级制度森严，尤其是帝王，其不仅吃穿住用行与众人不同，就连死后坟墓的规格也是最高级的，称之为“陵”，而其他人的坟墓只能称为“墓”。

在现在陕西省乾县城北的梁山上，有一座大型墓地，它就是唐高宗李治

和皇后武则天的合葬墓——乾陵。陵园规模宏大，陵域占地“周八十里”。乾陵周边有 17 座陪葬墓，葬有其他皇室成员与功臣。

让人奇怪的是，有一座墓的南门外排列着一对石狮，两对石人，一对华表，规格与帝王相等，在我国历史上也是唯一的一座。

也正因这座陵墓的规格很高，早期这里曾被怀疑是章怀太子（李治和武则天的长子）墓，直至该墓的墓志出土后，人们才知道这是一座公主墓，主人名叫李仙蕙，是唐中宗李显的第七个女儿。

其实严格来说，李仙蕙生前并不是公主，而是郡主，待到李显复位后，才追封为公主。有人又问了，这位公主到底有何特别之处，陵墓规格能和皇帝相比肩?

李仙蕙活着的时候，正值武则天当政的时候。她 15 岁的那年，嫁给了比她大五六岁的武延基。武延基的来头也不小，他的父亲是魏王武承嗣，武承嗣正是当朝皇帝武则天的侄子。为了争夺皇位，武氏家族与李氏家族矛盾重重，明争暗斗，但是武延基与李仙蕙感情却很好。

也正是由于妻子的关系，武延基与李显的世子邵王李重润关系非常密切，经常在一起饮酒谈心。

那时，武则天年龄已经很大了，她所宠爱的张易之和张昌宗兄弟开始把持朝政。这两个人不仅不学无术，而且胡作非为，更是仗着武则天的宠爱，对所有人颐指气使，不可一世，就连李、武二家也不放在眼里。李、武二氏的皇族为了平安活命，也总是忍气吞声，甚至为张氏兄弟牵马执鞭。

李重润与武延基对张氏兄弟十分不满，在私下聊天时常常发些牢骚。不承想，他们私人的谈话，居然也被张氏兄弟的爪牙打听到了。其实，背地里抱怨张氏兄弟的武家皇族、李家皇族非常多，但是李重润和武延基辈分最小，也没多大实力，所以张氏兄弟决定拿他们两个开刀，杀一儆百。

于是，张氏兄弟将李重润与武延基的议论加油添醋地报告给了武则天。武则天一听，居然有人敢诽谤自己的心肝宝贝，立即勃然大怒，将李重润、武延基、李仙蕙召入宫中处死。当时，李仙蕙刚 17 岁，她的丈夫武延基和哥哥李重润也不过二十四五岁。

这一年正是公元 701 年。

关于李仙蕙之死，《旧唐书》《新唐书》以及《资治通鉴》等史料中均有记载，但稍有不同。《资治通鉴》中记载："太后春秋高，政事多委张易之兄弟，邵王重润与其妹永泰郡主、主婿魏王武延基窃议其事，易之诉于太后，九月壬申，太后皆迫自杀。"

《新唐书》则称这三个人是被武则天缢杀的。而《旧唐书》说得更为惨烈：武则天将三个孩子交给他们的父亲李显处置。李显虽然心中不满，但想到两个哥哥被亲生母亲处死的惨景，只好一狠心将儿子、女儿、女婿一起勒死，以保全其余家人的性命。

但无论是哪一种说法，均可以认为是由于张氏兄弟的原因，三个年轻人丧命在自己的祖母手上。不过四年后，张氏兄弟被大臣们杀死了，武则天也被迫退位了。

后来人们在永泰公主墓中，出土了永泰公主的墓志铭以及公主的一些残骸，由此对李仙蕙的死因产生了分歧。

在永泰公主的墓志铭中，有“自蛟丧雄锷，鸾愁孤影，槐火未移，柏舟空泛，珠胎毁月，怨十里之无香；琼萼凋春，忿双童之秘药”的句子。有些人根据“珠胎毁月”一句，推测李仙蕙因为难产而死的，最直接的佐证就是李仙蕙盆骨残骸，其骨盆较同龄女性的骨盆小很多，遂导致难产。

当然了，这只是后人的一种推测而已。但不管怎样，李仙蕙在她 17 岁那年死了。性情懦弱而敏感的李显登基后，回想起爱子爱女被残害致死的一幕，肯定是痛心不已。也就在当年，李显追封李重润为“懿德太子”，追封李蕙仙为“永泰公主”，并且空前绝后地特许他们的坟墓尊称为“陵”，规格与帝王等同。

但如果有选择的话，李仙蕙还会选择生在帝王家吗？

记载人与“神”战争的石塘

长忆观潮，满郭人争江上望。
来疑沧海尽成空，万面鼓声中。
弄潮儿向涛头立，手把红旗旗不湿。
别来几向梦中看，梦觉尚心寒。

——《酒泉子·长忆观潮》

这是宋代词人潘阆的一首描写钱塘江观潮和弄潮情景的词。每到农历八月十八前后，总有无数来自四面八方的游客聚集钱塘江，欣赏奇特卓绝的钱塘江大潮。

钱塘江，古称浙，全名“浙江”，又名“折江”“之江”“罗刹江”，关于钱塘江的名字，最早见于《山海经》，因流经古钱塘县（今杭州）而得名。不过也有人认为，这条江本来叫塘江，之所以姓“钱”，是因为这里出现过一位姓钱的英雄。

这件事还要追溯到唐朝末年、五代十国时期，那时候天下大乱，割据纷纷，杭州一带也逐渐脱离朝廷的统治，被一个人所控制，这个人就是钱镠。

钱镠出身贫穷，年轻的时候曾经做过盐贩，后来又参了军。在古代，太平盛世，读书科举是最好的逆袭之路；动荡乱世，参军打仗是最佳的翻身机会。钱镠凭借着天生军事才能，从士兵到偏将，再到节度使，最后成了割据一方的诸侯，称为吴越王。

吴越国的鼎盛时期，拥有 13 个州的疆域，包括现在的浙江省全境、江苏省东南部、上海市和福建省东北部一带。拥有了这些地盘后，钱镠再没有对外扩展过，因为他清醒地意识到，在疆域上，这已经是自己的天花板了，四周强敌林立，很难再吞并一块土地。

不过，钱镠并没有因此而去追求物质和精神上的享乐，他是贫苦人出身，自然也懂得贫苦人的痛处，于是他开始着眼国内，力求把吴越国的经济发展到令其他割据势力仰望的高度。

在国家的治理上，钱镠坚持以民为本，大力发展农桑，奖励垦荒，兴修水利，使得自己统治的区域内水塘密布，河流交错。

吴越国的东面就是大海，为了防止海水回灌，钱镠修建了海堤和沿江的水闸，最为重要的，他还征服了为害千年的钱塘江海潮。

自古以来，钱塘江就以潮水凶猛而著称，因为地理条件的原因，这里不仅潮头高，而且冲击力非常大。人们也曾想在钱塘江两岸修建堤坝，但总是这边才修好，那边就被冲垮了；那边修好了，这边又被冲垮了，两岸的人民深受其害。

钱镠在成为吴越王之前，就特别留意这条江水，有心治理。后来，他也先后派几批人去修筑海塘，但都以失败而告终。因为潮水太凶猛了，人们在退潮时刚把海堤修好，就会被随后而来的涨潮冲得支离破碎。

负责修筑海塘的官员非常害怕，生怕被钱镠怪罪，于是他们一商量，就把责任推给“潮神”。他们对钱镠说，老百姓都知道，江里住着一个潮神，特别厉害，专门和人作对。每当我们把海堤修好的时候，他就出来捣乱，把我们的辛苦毁于一旦。

虽然古代的人迷信，相信万物都有神，山有山神，水有水神，但钱镠也知道，这个“潮神”一定是不存在的。不过，钱镠也并没有揭穿，更没有治这些官员的罪，因为他知道，完成这项工程确实艰难。

有一天上朝，钱镠对大臣们说：“修筑海塘是千年大计，怎么能被一个小小的潮神阻挡呢？既然你们无法降服他，那我亲自去！”

同时，钱镠还下令，在八月十八这一天，一万名弓箭手要带着武器去江边参战。

为什么选定八月十八这一天呢？因为这一天钱塘江的潮头最高，冲击力最强，而且这一天还传说是潮神的生日。

转眼八月十八日就到了，钱镠很早就到了，站在江边的一座高台上，江边整整齐齐地排列着一万名精锐的弓箭手，他们在等待潮神的到来。

不一会儿，“潮神”来了。只见远远一条白线飞奔而来，而且愈来愈快，愈来愈猛，等到近时，就像千军万马一样滚滚而来，锐不可当。钱镠见了，立刻弯弓搭箭，射向潮水，同时大吼一声：“放箭！”

话音刚落，一万名弓箭手也将手中的箭射了出去。顿时，一万支箭像雨点般直射潮头。而在一旁，无数的老百姓一边擂鼓一边呐喊。

一万支箭射了，又是一万支箭，转眼间几万支箭射了出去。说来也奇，潮头竟被逼得停滞不前，霎时间又退得无影无踪了。

这时候，钱镠大喊一声：“筑堤！”官兵连同老百姓立刻开始修建海堤。很快，两道大堤便矗立在钱塘江的两岸。从此，潮水不再危害当地百姓了。

当然“钱镠射潮”的故事只是传说而已，不过钱镠王修筑“捍海塘”也确有其事。据史料记载，最早的海堤采用的是传统的版筑技术，这样修建好的海堤根本无法抵挡钱塘潮的冲击。

910 年，钱镠打算重修海堤，这次他采用了新的技术，先让人制作出无数的大竹笼，然后里面填上巨石投入江中，形成大堤，同时，在堤岸外竖立许多大木桩，以减弱潮水对堤岸的冲击。

钱镠所筑成的“捍海塘”，可以说是钱塘江海塘建筑技术的一大变革，确保了当时杭州城墙的扩建，更是让周边的老百姓不再受潮水的危害。

古代最牛的私立大学什么样

在湖南省长沙市的岳麓山下，有一座古老的学府，它就是我国赫赫闻名的四大书院之一——岳麓书院，也是我国古代最牛的私立大学之一。

岳麓书院可以追溯到唐朝。那时正值唐太宗李世民在位的时候，四川人张九宗在这里修建了“九宗书院”，书院刚建成的时候，只供私人读书。到了唐朝末年，有两名僧人在岳麓山兴办学校，“割地建屋，以居士类”，为之后岳麓书院的建设做了铺垫。

976年，也就是北宋时期，宋太祖赵匡胤在位的时候，当时，潭州太守朱洞在僧人办学的基础上，由官府捐资，正式兴建了岳麓书院。1015年，宋真宗召见岳麓书院的院长（山长）周式，把自己亲自写的“岳麓书院”四字门额赐给了书院。

这个周式可不简单，是当时的儒学大家，宋真宗想封他为国子监主簿，留他在皇宫做主讲。国子监主簿虽然官职不大，但名誉不小，负责给皇家子弟讲课，没有两把刷子还真不行。

但对于这个很多读书人都羡慕的职位，周式却偏偏不感兴趣，坚持要回岳麓书院做他的山长。由此可见岳麓书院的吸引力了。

岳麓书院距今已有千余年了，但历经时代的风风雨雨，书院的古建筑依旧完整保存，并成为湖南大学的一部分。

说到岳麓书院，不得不提门前那副牛气冲天的对联：“惟楚有材，于斯为盛。”

俗话说，没有规矩不成方圆，岳麓书院也有自己的学规：整、齐、严、肃，这是清代乾隆年间欧阳正焕任书院院长时所写，同时他还写了一首诗《书整齐严肃四字因示诸生》。

王文清任岳麓书院院长时，还制定了《岳麓书院学规》，共十八条：

时常省问父母，朔望恭谒圣贤。

气习各矫偏处，举止整齐严肃。

服食宜从俭素，外事毫不可干。

行坐必依齿序，痛戒讦短毁长。

损友必须拒绝，不可闲谈废时。

日讲经书三起，日看纲目数页。

通晓时务物理，参读古文诗赋。

读书必须过笔，会课按刻蚤完。

夜读仍戒晏起，疑误定要力争。

岳麓书院的名气，还来自其开放的风气。不同观点的学者、学派可以在岳麓书院会讲、对话、辩难，岳麓书院一向推崇精神往来，自由研究。

1167年，儒家发展史上的一件大事在岳麓书院发生了。那一年，朱熹从福建远道而来，拜会当时岳麓书院的山长张栻。做什么？会讲！

所谓“会讲”，简单来说，就是古代的一种学术交流活动，如果说句不好听的，就叫“踢馆子”。不过，张栻不仅没有拒绝，反而热烈欢迎。理学大师要对决的消息一下子传出了，大家纷纷赶来听讲，那可谓盛况空前，来的人之多,门前供马饮水的水池都被马喝干了,“一时舆马之众,饮池水立涸”。

据说，两个人讨论得十分热烈，一度“三日夜而不能合”。尽管观点有差异，但会讲的气氛是愉快的，而且学术上的分歧并没有损害他们之间的感情。在此期间，朱熹还被邀请在岳麓书院公开讲学。也就是说，让踢馆子的人公开宣扬反对自己的学说，这心得有多大啊！

当然，朱熹被岳麓书院的大气所感动，1194年，在他出任潭州知州期间，还对书院进行了扩建和整治，进一步促进了岳麓书院的发展。

有了这样的学习风气，难怪岳麓书院的学生成才较多。不过，相比现在的学生，岳麓书院的学习还是很艰苦的。

在清朝的乾隆时期，岳麓书院规定:正月开馆，二月开课，十二月才散馆，上学时间几乎从年头一直到年尾。关于假期，每月可以休息两天。至于寒暑假？想都别想。不过在春节期间，学生们可以回家过年，但最长只有一个月。

除了这些假期，学生必须要在书院学习，不得出院，如果旷课三天就不给发助学金了。

当然，如果你不要奖学金也可以，但对一般学生来说，那可是不小的一笔财富。要知道，在岳麓书院学习，待遇比“上班”还强。

按照规定，岳麓书院的学生不仅不用交学费，还有“助学金”和“餐补”：正课生每月至少有膏火银一两、食米三斗。这在当时，是相当不错了。

有学习就有考试，在岳麓书院，每个月都要有两次考试，考试内容有“四书五经”的内容，有程朱理学的内容，还有韩愈、欧阳修等文学大家的内容。

岳麓书院的学习虽然非常紧张，但是业余生活却也非常丰富。岳麓书院位于美丽的湘江河畔，那里优美的风景吸引着学院师生的到来，他们时常举办些娱乐活动，最常见的是琴乐活动。

清代人杨昌光曾写了一篇《船斋赋》，里面描述的就是岳麓书院的文人们吟诗作赋、依琴而歌的场景：“菱歌未歇，水榭仍开。流将逸士之觞，书应借得；谱出水仙之操，琴或弹来。”

这样的学习氛围，即使放到现代也颇为引人。

岳飞最想归隐的地方是哪里

日照香炉生紫烟，遥看瀑布挂前川。

飞流直下三千尺，疑是银河落九天。

说到这首诗，人们肯定都熟悉，这就是唐代大诗人李白所写的《望庐山瀑布》。庐山的香炉峰，孤峰奇秀，可以说是天下奇观，而其延伸的山势如同城郭一般，把一座东林寺包围在其中。

说到东林寺，那更不简单了。它修建于东晋时期，是中国佛教净土宗的发源地。这里四周群山环抱，山前溪水回流，建筑雄伟壮观，不仅吸引了许多名僧在这里“定居”，也让许多文臣武将流连忘返，就连抗金名将岳飞也打算在完成恢复中原大业后在此归隐。

那时候，金朝和宋朝刚刚签下和约，但是金朝内部突然发生动乱，主战派占据上风，他们撕毁条约，然后派兵南下。这下子一心求和的宋高宗赵构脸面可挂不住了，恼羞成怒之下，下令出兵北伐。

得到命令，岳飞大喜，心想终于可以施展才能报效国家了。在临行前，他写下《寄东林慧海上人》（又名《寄浮图慧海》）一诗：

湓浦庐山几度秋，长江万折向东流。

男儿立志扶王室，圣主专征灭虏酋。

功业要刊燕石上，归休终伴赤松游。

殷勤寄语东林老，莲社从今着力修。

诗中的“东林”就是指东林寺，慧海上人，即慧海，是当时东林寺的住持，也是岳飞的好朋友。在这首诗中，岳飞百感交集，不仅陈述了他与慧海上人的交情，同时也向老友表达自己的抱负：“扶王室”“灭虏酋”，还表达了自己最终的理想——在功成名就之后，要当一名隐士。所以他希望慧海法师把东林寺修建好，以便他将来做归隐之所。

当然，岳飞打算归隐在东林寺可并不是说说而已，他与东林寺有着一段非常深的缘分。

在南宋刚刚建立的时候，庐山一带就出现了一伙强人，为首的两个人，一个叫李成，一个叫何世清。两个人以庐山为根据地，后来发展到有十万多的兵众，在现在的江西、湖南、湖北一带作乱，为害百姓，就连东林寺也被他们毁坏了。

1132 年，宋高宗下令，派岳飞率军前去讨伐李成。岳飞很清楚，如果这些贼寇不除，北伐中原也不安心。在第二年，岳飞抓住战机，率领八千兵士出奇制胜，将李成和何世清这伙贼寇击败了。

宋高宗也非常高兴，任命岳飞为武安军承宣使，将军队驻扎在江州。当时的庐山东林寺已经声名远播，岳飞在闲暇时候，也经常往东林寺游览，并且和当时寺院的住持慧海上人结下了深厚的友谊。两个人经常在一起谈文论道，来往十分亲密。

1132 年，朝廷下达命令，派岳飞北上讨伐金人扶持的大齐政权。岳飞接到命令后，这才离开江州。

1136 年，朝廷又任命岳飞为湖北襄阳西路宣抚副使，带兵前往襄阳驻扎，为北伐中原做准备。不承想，岳飞 70 岁高龄的母亲病故了。那时候有个规定，如果父母去世，官员必须辞官，为父母守孝三年。

岳飞是个大孝子，得到母亲去世的消息后，悲痛欲绝，给朝廷上书请求为母丁忧。宋高宗同意了，并赐葬庐山。

岳飞交代完军中的事务后，就和长子岳云步行扶梓，从现在的湖北武汉沿江东下至江州，将母亲葬在了庐山西北麓的株岭山。岳母墓至今依然存在。

在守孝期间，岳飞也曾经在东林寺住了几天，慧海上人也亲自带着东林寺的僧人为岳母做了法事。

当时，由于前方战事紧急，宋高宗不得不下旨让岳飞还军。自古忠孝难以两全，岳飞深明大义，收拾好行李立即回京。宋高宗十分高兴，打算再拨给岳飞五万兵马。岳飞也很高兴，觉得收复中原终于有了希望。但不承想秦桧等人从中作梗，扩军之事泡了汤，岳飞失落至极，于是向朝廷递交了辞职书，又回到了东林寺。

岳飞虽然十分气愤，但还是深明大义的，当宋高宗派人请他再次出山时，岳飞又回到了军营。史学家均认为，正是这件事让宋高宗对岳飞产生了不满。

当然了，这也是岳飞最后一次居住在东林寺。后面的故事大家都很熟悉了，就当这位大英雄北伐中原屡战屡捷，马上要实现“扶王室”“灭虏酋”的愿望时，却遭到了主和派的陷害，被以“莫须有”的罪名杀害。

岳飞归隐庐山的愿望也终成了一场空梦。不过，值得欣慰的是，岳飞的爱国精神并没有被人遗忘，在现在的庐山上，已然将岳飞的《寄东林慧海上人》这首诗刻在石碑上，供后人怀念。

少林寺中真实存在的武林高手

在河南省的中部，有一座名山，就是五岳中的中岳嵩山，在嵩山的中段、少室山北麓，有一千年古刹，这就是大名鼎鼎的少林寺。少林者，少室之林也，少林寺因此得名。少林寺周围群峰叠翠，溪水环流，红墙碧瓦，殿宇巍峨，是中国著名的寺庙之一。

少林寺始创于北魏太和十九年（495 年），当时印度高僧跋陀来华，北魏孝文帝为安顿他而修建了这座少林寺。

真正让少林寺扬名的，除了这里的风景、历史外，还有被无数人向往的少林功夫。

纵观当代武侠小说和武侠电影，每每都会拉上少林作为映衬，里面所展示的各种功夫，看得人们热血沸腾，里面所描绘的英雄人物更是给人们留下了深刻的印象。

少林功夫并非空穴来风，在历史上，还真的有几位功夫了得的少林高僧。

一般认为，中华武术源于少林，少林武术源自达摩祖师。达摩祖师，被奉为中国佛教禅宗初祖，他本是印度天竺国佛教禅宗第二十七代祖师般若多罗的嫡传弟子，后来远渡重洋，来到了中国。不用说别的，光想想在航海技术不发达的古代，达摩祖师能够几经风浪，足见功底的深厚。

达摩到来时，少林寺的规模还不大，但他见这里山清水秀，正是个修炼的好地方，于是就决定留在这里，并向少林寺的僧人传授禅宗。

僧人们每天都要带着自己的用品，来到他的山洞听禅打坐。达摩发现，僧人们虽然很努力，但所取得的成绩却很小，原因在于他们无法忍受长时间的打坐。打坐时间一长，他们就感到体力不支，甚至感到疲倦而呼呼大睡了。

为了克服长期打坐带来的负面影响，达摩根据自己在印度所学，并结合瑜伽学研究了一系列的功夫。这些功夫不仅能提神和放松筋骨，而且能促进体内循环，强身健体。也就是这些功夫奠定了少林武术的基础。

不过，也有一种说法，少林功夫的开山鼻祖并非达摩，而是跋陀的徒弟僧稠。僧稠在跟随跋陀学佛的同时，深感在乱世之中仅靠佛学也并不能完全存活于乱世，于是就整理自己在出家之前所学的武艺，并传授给少林寺的僧人，据说，现今的少林武功大多是历经多代少林寺僧人慢慢增加并演变而来的。

不得不说僧稠的做法有远见。到了隋末唐初，天下大乱，群雄并起，天下的寺院也受到了很大的破坏。为保护寺院不受社会战乱侵扰，少林寺的武僧们便自发组织起来，被称为少林僧兵。

别看少林僧兵人数不多，但着实厉害，曾以仅仅 13 人，力创数万人的军营，生擒了割据一方的枭雄王世充的侄子王仁则，帮助李世民攻下了洛阳。李世民登基后，对少林寺大加封赏。

到了金朝末年，少林寺又出了一位武林大师，这位高僧的法号为觉远。据说这位觉远和尚就是金庸武侠小说中张三丰师父的原型。现实中的觉远相当厉害，他本是一个贵族子弟，喜欢习武，后因触犯法律而逃到少林寺出家。

到少林寺后，觉远被分配到藏经阁，成了“扫地僧”。对于到少林寺学武的僧人而言，这绝对算得上是一个美差，因为在这里，你可以接触到少林寺拳谱、剑谱等武功秘籍。觉远在藏经阁期间，将达摩传下来的罗汉十八手演化成了七十二手。

觉远在少林寺出家时，方丈福居大师雄心勃勃，一心想完成荟萃天下武功的大业，于是他就从寺中挑选武功高强的僧人前往各地遍访武林名家。觉远就是其中之一。

觉远在出访期间，结识了数位武林高手，其中两个最著名，一个叫李奇，一个叫白玉峰，都是当时的武林高手。三个人来到少林寺后，每天都研究武艺，并把武功编写成固定的套路，详细阐述了龙拳、虎拳、豹拳、鹤拳、蛇拳的练习方法，并且还制定了一套习武的戒律。

后来，白玉峰也在少林出家，法号“秋月禅师”；李奇虽然离开，但他的儿子却留下并皈依了佛门，法号“澄慧”，也是一代高僧。

觉远凭借这些功绩，被后人尊称为少林拳法的“中兴之祖”。

明朝十六帝，为何只有“十三陵”

在北京的西北，有一座天寿山，山脚下有一座宏伟的建筑群，是大明王朝皇帝的墓葬之地。这里先后共葬 13 位皇帝，还有 23 位皇后、2 位太子、30 余名妃嫔、1 位太监，因此也叫明十三陵。

不过，熟悉历史的人都知道，明朝一共有 16 位皇帝，分别是：明太祖朱元璋（洪武）、明惠宗朱允炆（建文）、明成祖朱棣（永乐）、明仁宗朱高炽（洪熙）、明宣宗朱瞻基（宣德）、明英宗朱祁镇（正统）、明代宗朱祁钰（景泰）、明宪宗朱见深（成化）、明孝宗朱祐樘（弘治）、明武宗朱厚照（正德）、明世宗朱厚熜（嘉靖）、明穆宗朱载垕（隆庆）、明神宗朱翊钧（万历）、明光宗朱常洛（泰昌）、明熹宗朱由校（天启）和明思宗朱由检（崇祯）。

但让人匪夷所思的是，明十三陵的陵墓中为何只葬有十三位皇帝？其余的皇帝为何不在其中？

一般情况下，每个王朝的亡国之君都不会被葬入皇陵。为什么呢？因为作为死对头，新王朝不把旧王朝的皇帝“挫骨扬灰”就算仁慈，找块地随便埋了就是大恩，葬入皇陵简直是白日做梦。

但是明朝是个例外。李自成入主北京后，发现崇祯践行了“君王死社稷”，并留下了“任贼分裂朕尸，勿伤我百姓一人”的血诏，可能是“英雄惜英雄，好汉爱好汉”的原因吧，李自成便将崇祯帝和皇后周氏的遗体葬于田贵妃墓中。

不久，清朝人把李自成赶走了，当时当权的是摄政王多尔衮。他下了一个极为有政治意义的命令，将埋葬着崇祯皇帝的田贵妃墓扩建成了皇陵，也就是我们现在所看到的明十三陵中的思陵。

多尔衮的目的主要有两个，第一是为了笼络明朝的臣子和遗老遗少，第二是为了宣示清朝的正统性，夺取明朝江山的是李自成，清朝为崇祯报了仇，因此也继承了大明的江山。

除了葬有末代皇帝，明十三陵还有个与历朝皇陵不同的地方，就是开国皇帝的陵墓不在这里。

明朝的开国皇帝是朱元璋，他于 1368 年称帝，定都在应天府，也就是如今的江苏南京。根据历代皇陵的选址原则，皇陵都会选在离都城不远的地方，朱元璋也不例外，他最终选址在风景秀丽的紫金山南麓独龙阜玩珠峰下。

朱元璋在南京离世之后，便被葬入了这座皇陵中，因为他倡导以“孝”治天下，所以这座皇陵被称为明孝陵。

朱元璋死后，他的孙子朱允炆称帝，由于他采取了“削藩”的策略，逼反了镇守北京的燕王朱棣。两相交兵，即为仇敌，但是朱允炆却发起了菩萨心，在开战后还叮嘱手下的将军不能斩杀燕王朱棣，不要让自己背上杀叔之名。有好几次朱棣都已经处在绝境之中，就因为建文帝的叮嘱，最终转危为安。

几年后，朱棣带兵攻入南京城，但朱允炆下落不明。对于此事，一直有着诸多的版本说法，有说是逃到了海外，有说是做了和尚，最终成了疑案。但总而言之，人都找不到了，哪还有什么陵墓。

朱棣当了皇帝后，迁都北京的同时，也开始谋划将皇陵选址在京城附近。后来风水大师廖均卿经过一番观察，终于在京城西北的黄土山发现了一个绝佳的风水宝地，朱棣看过之后也非常满意，于是就将皇陵的选址定在这里，并将黄土山改名为长寿山。

一直到明朝灭亡（不包括南明政权），北京一直是首都，朱棣之后每个明朝皇帝也都葬在长寿山旁，除了明代宗朱祁钰。

明代宗朱祁钰比较特殊，他能当上皇帝是因为他的哥哥明英宗朱祁镇被瓦剌人俘虏了，为了不受瓦剌威胁，在以于谦为首的朝臣拥立下，当时被封为郕王的朱祁钰便当了皇帝。

朱祁钰最初只想代替哥哥当几天皇帝，但是渐渐地“皇帝瘾”上头，不肯交权了。后来朱祁镇回来了，朱祁钰不仅没让出皇位，反而把哥哥软禁起来。

不过，当了 8 年皇帝后，朱祁钰突然得了重病，于是朱祁镇在石亨、徐有贞等人的帮助下夺回了皇位，史称“夺门之变”。而卧病在床的朱祁钰只能眼睁睁地看着发生的一切却无能为力。

朱祁镇重新登基后，废了朱祁钰的帝位，将其降为郕王。不久，朱祁钰因“不明原因”离世了。余恨未消的朱祁镇只是按亲王的礼葬将朱祁钰埋在了北京的西山，还赐谥号为“戾”，可见其心中的恨意了。

就这样，大明皇帝中的16位皇帝，只有13位葬在了长寿山下。冷冰冰的数字背后，诠释了“无情最是帝王家”的无限感慨。

故宫离奇起火，皇帝都有啥反应

在封建王朝中，最宏伟的建筑一定非皇宫莫属；而纵观中国历朝历代，最宏伟的皇宫则莫过于明清时期的北京紫禁城。

作为明清两代的政治中心，北京紫禁城经历了24位皇帝。在这近600年的历史中，紫禁城发生的重要事件可谓多若繁星。不说别的，光是那几场离奇的大火，就为这座皇宫增添了几分传奇色彩。

第一场大火发生在1421年，而就在前一年，紫禁城刚刚在元大都皇宫的旧址上诞生。相对元朝的宫殿而言，明清紫禁城的建筑群由北往南延伸了很多，比之前更加宏伟壮观。

1420年农历十一月初四那一天，朱棣在这座新落成的宫殿里举行了盛大的朝贺仪式。他登上了高大壮观的奉天殿，接受大臣们的跪拜，并向臣民、向天下，庄严宣告北京宫殿“爰自营建以来，天下军民，乐于趋事，天人协赞，景贶骈臻，今已告成”。

朱棣相信，他和他的子孙们将永远居住在这里，永远是这片土地的主人。但是，正所谓“乐极生悲”，朱棣还没逛完紫禁城所有宫殿，就发生了一件奇事。

1421年农历四月初八这一天，本来晴朗的天气突然风云骤起，雷鸣电闪，恰好击中了紫禁城的中心三大殿（奉天殿、华盖殿、谨身殿），大火一下子腾空而起。

就这样，花费20年人力、物力、财力建成的三大殿在大火中消失了。这对朱棣来说简直就是个致命的打击。在古人眼中，凡是遭天打雷劈的人，一定是干了什么坏事而被老天加以警告。朱棣在痛心大殿被烧毁的同时，更是不断地质疑自己：我到底做错了什么？

这件事对朱棣的触动如此之大，主要还是在于其皇位的得来。他不是名正言顺地继承了父亲的位置，而是从侄子手中抢来的，这正是外人对他颇有争议的地方，也是他心中最大的一块伤疤。

不过，朱棣还是强作镇定，对文武大臣们说：“如果我真有做错了的地方，大家尽管提出来，我改就行了！”

本来这只是朱棣的应景之言，没想到一些大臣却当了真，他们纷纷上书指责，可谓刀刀锋利，刀刀都插在了朱棣的心口上。

最后，朱棣实在受不了了，让大臣们跪在午门自我检讨，甚至还将一位指责他的官员直接处死。

不过，被烧毁的三大殿也没有被重建，因为不久朱棣就死了，在之后的20年中，紫禁城的中央地带完全是一片焦黑的废墟。直到他的重孙子明英宗朱祁镇即位后，才把这三大殿重建完成。

第二场离奇的大火发生在1514年的元宵节，当时在位的皇帝是明武宗正德皇帝朱厚照。在整个大明朝的皇帝中，他可以说是最荒唐的一个，如果他有人生格言的话，那就是一个词——折腾。

按照惯例，每年元宵节，紫禁城内也要张灯结彩，摆设鳌山灯火，号称“君民同乐”。而对于好玩儿的正德皇帝来说，对元宵节更加重视，史书记载，“每岁张灯为乐，所费以数万计”，宫里库里的蜡烛都不够用，正德皇帝派人到民间采购蜡烛，“库贮黄白蜡不足，复令所司买补之”。

这一年元宵节，正德皇帝正带着一群太监观灯，突然一不留神，彩灯或烟火引发了一场大火，连乾清宫都被引燃了。要知道，乾清宫是紫禁城中最重要，也是最宏伟的宫殿之一，是明朝皇帝居住、办公的地方。

这样一座重要的建筑着了火，太监和宫女们真是既惊慌又害怕，生怕皇帝会怪罪下来。但是出人意料的是，这位正德皇帝不仅没生气，反而高兴起来，一边欣赏着着火的场面，一边对身边的人说：“是好一棚大烟火也！”

这简直就像一个人家中着了火，他不仅不救火，反而在一边津津有味地看热闹，简直是荒唐透顶。

第三场离奇的大火发生在1797年，正是清嘉庆在位的时候。虽然在位的皇帝是嘉庆，但是实权还掌握在他父亲乾隆手中。清朝在位时间最长的是康熙皇帝，在位 61 年。乾隆当了 60 年皇帝后，为了“致敬”爷爷，表示不会让自己的在位时间超过爷爷，将皇位传给了儿子，自己当了太上皇。

那时候正值初冬，乾清宫东暖阁一个用于取暖的炉子将旁边的楠木格子引燃了，当时没人在场，火势一下子蔓延开来，把整个乾清宫都烧毁了。

又是老天示警！一般来说，皇帝下个“罪己诏”就得了，大臣们和老百姓也不太在意，但尴尬的是，这个罪己诏究竟是谁来下？嘉庆皇帝来下吧，但是他手中一点儿权力没有；如果乾隆皇帝下吧，但他早已不是名义上的最高领导人了。

不过最后，还是乾隆主动“背锅”，并给自己下了一份《罪己诏》：

“……朕二十有五践阼纪元，六十年传位皇帝，兹春秋八十有七，精神纯固，康健如常，亲见五代元孙，武功十全，诸福备具，并未倦勤，日亲训政……”

大臣们听到这里，都面面相觑：这到底是罪己诏呢，还是表扬信？

第六章

名士风流

了解真实的“古代名流”

生活不如意时，就看看庄子

有人说，人的一生就是一场负重旅行。这句话似乎颇有道理。虽然生活在现代，物质丰富，科技发达，但是我们却很少感到真正的快乐。无休止的工作，复杂的人际关系，得不到的职位，还有房贷、车贷等，压得人们喘不过气来。有时候人们也会想，应该怎样得到快乐呢?

实际上，对于这个问题，早在两千多年前，一位智慧的哲学家也曾思考过这个问题，并以自己的旷达逍遥，给出了一个答案。

这个人就是庄子，我国古代道家学派的代表人物之一。

庄子名周，字子丘，是战国时期宋国蒙地人，大概位于今天河南商丘市东北，根据其生活的轨迹推测，他大概是与梁惠王、齐宣王、孟子、惠施同时代的人。他曾经隐居南华山，所以唐明皇还追封他为南华真人。

庄子曾做过小官，后来辞官回家，过着贫困的生活。由于营养不良，他面黄肌瘦，常常穿着一身大麻布缝制的衣服，脚下是一双破烂鞋子，还要绑上麻绳才能跟脚。有一次，他甚至不得不向当时专门管水利的监河侯那里借粮食。

虽然生活贫困，但庄子并没有因此而感到自卑，常常破衣烂衫就外出会客。

有一次，庄子去见魏惠王，魏惠王看见庄子的衣服上补丁摞补丁，心里一万个看不起，不过，脸上还是一副关心的样子，说：“先生，您怎么看起来如此疲惫呢？”

聪明的庄子听出了魏惠王嘲讽的口气，于是就说：“大王，我这不叫疲惫，叫贫穷。”

魏惠王觉得很好奇，就追问：“贫穷和疲惫有什么不一样吗？”

庄子不慌不忙地回答说：“有理想而不能施展就会失望，因为失望就会失去精神支柱，没了理想和追求就是疲惫。像我虽然吃不饱、穿不暖，但我有理想和追求，所以只能算贫穷。”

一番话，说得魏惠王哑口无言。实际上，庄子的旷达就体现在他对富贵、外貌、穿着等外在因素的态度上，庄子认为，真正旷达的人是不怕生活上的贫困的，怕的是精神上的困乏，一个人可以困于贫困，但内心绝对不能被困。

庄子的旷达还体现在对待死亡的态度上。《庄子·大宗师》中有这么一句话：“死生，命也；其有夜旦之常，天也。”意思是，出生和死亡是必然的事情，就像天有白昼和夜晚一样，是大自然的规律。他认为，想追求长生不老，那是违反自然规律的事情，是无法做到的。

有一年，庄子的妻子死了，他的好朋友惠子前往吊唁。惠子来到庄子家门前，一看就气坏了。因为他看见庄子正坐在屋子前，双腿分开像簸箕一样，一边敲打着瓦缶，一边还唱歌呢。

惠子走上前，很不高兴地对庄子说：“你的妻子和你生活了一辈子，她帮你生孩子、养孩子，现在因为衰老而死去。人死了，你不伤心哭泣也就算了，但你还敲着瓦缶唱起歌来，是不是有些太过分了！”

庄子听了，停止歌唱，说：“你说得不对哦！她刚死的时候，我也感到非常难过。过了一会儿，我仔细想了想，发现她原本就没有出生；不只是不曾出生，而且还不曾具有形体；不只是不曾具有形体，而且原本就不曾形成元气。夹杂在恍恍惚惚的境域之中，变化而有了元气，元气变化而有了形体，形体变化而有了生命，如今变化又回到死亡。”

庄子又接着说：“这个过程就和春夏秋冬四季运行一样，是一个自然规律，那个死去的人将安安稳稳地寝卧在天地之间，而我却围着她不住地痛哭，这也太不通晓天命了。所以，我也就不再哭泣了。”

又过了若干年，庄子的生命也即将走到尽头。他得了重病，躺在床上。他的几个学生在屋外商量着，选择什么物品给老师陪葬。

庄子在屋子里听到了，强撑着坐起来，让学生们来到自己床前，说：“死亡并不可怕，人死亡之后，只不过是回归到最初的状态罢了。我死以后，你们不用悲伤，也不要为我举行任何形式葬礼，更不用给我找陪葬品，你们把我扔在没有人烟的地方就好了。天地就是棺材，太阳和月亮就是美玉，星星就是珍珠，天下万物都是我的陪葬品，这是多么好的事情啊！所以你们也不要再为这事操心了。”

看淡富贵，看淡生死，庄子就是这样一位旷达的哲人。

最牛的通缉犯

说到逃犯，如同过街老鼠，人人喊打。但是在我国古代，却有一个逃犯，他无论逃到哪里，都有人冒死收容，堪称奇闻了。

东汉末年，汉桓帝和汉灵帝在位的时候，朝政混乱，权力基本上被太监掌握。这些太监为非作歹，陷害忠良，把整个朝廷搞得乌烟瘴气。

这时候，有些正直的大臣和读书人看不下去了，他们联合起来反对宦官们，但遭到了打击和报复，昏庸的皇帝还下令，禁止这群人做官！这就是历史上的“党锢之祸”。

本来皇帝和宦官们想就此让这些正直的大臣和读书人“社死”，但没想到他们的名声更大了，不仅在朝廷之上，就是在乡村的百姓也特别推崇他们。当时，这些大臣和读书人特别看重自己的名声，他们相互赞誉，最后还评出了35名“最具影响力的人物”，分别称为三君、八俊、八顾、八及、八厨。

其中，君，指一代宗师；俊，指一代英雄俊杰；顾，指一代德行表率；及，指一代导师；厨，指一代舍财救人的侠士。在当时，这里面随便拉出一个人都煊赫一时。

在“八及”之中，有一个叫张俭的人，他的父亲曾担任过江夏太守，他在年轻的时候被乡里推举为茂才，也就是秀才。

公元165年，张俭担任东部督邮。那里正是朝廷大宦官侯览的家乡。侯览的母亲经常压迫这里的百姓，张俭发现后非常气愤，立即上书皇帝，请求处死侯览和他的母亲。

但是，张俭哪里知道，当朝皇帝昏庸，根本不看奏折，所有的朝政大事都由侯览等太监处理，他的奏折自然也落在了侯览手里。侯览心中恨恨不已，一心想找机会除掉张俭。

张俭有个老乡叫朱并，朱并这个人为人龌龊，整天就知道巴结有钱有势的人，张俭很瞧不起他，朱并知道后非常生气，于是就给官府打小报告，说张俭等人别立名号，结为一党，打算危害国家。

侯览得到报告，喜出望外，心想这真是天助我也！于是他下发命令，让当地官府捉拿张俭归案。

张俭得到消息，知道肯定是自己得罪了小人，也知道如果被抓入狱一定会九死一生，于是便逃走了。因为自己并没有多少钱财，也不知道能逃向何方，只能走一步算一步。

一路上的艰辛就不用说了，因为各处都有官兵追捕，情急之下，每当看见大户人家，张俭便投奔过去请求收留。在当时，张俭的名气不亚于当今的网红明星，人们如果能和他见上一面都觉得无限光荣。当然了，那时候人们最敬重的还是张俭的声名和德行，没有一个人把张俭拒之门外的。

不过，人们也知道收留张俭的危险，如果消息一旦被官府知道，那很可能就会家破人亡。

后来，张俭逃来逃去，来到了东莱郡，住在了当时的名士李笃家里。这里属于外黄县，不知道谁走漏了风声，官府知道了这件事，县令毛钦立刻拿着兵器闯进了李笃家。

李笃当然知道毛钦的来意，客客气气地领着他就座后说："张俭这个人我知道，他是朝廷的要犯，我怎么能窝藏他？不过话又说回来，假如他真的在我这里，就凭张俭的为人、名气，您难道真的非捉拿他不可？"

毛钦听完，一下子就明白了，张俭就在李笃的家中。毛钦也是个有正气、有胆识的汉子，他立刻站起身来，抚摸着李笃的肩膀说："蘧伯玉耻独为君子，足下如何专取仁义！"

蘧伯玉是春秋时代的人，是孔子的朋友，有仁有义。这句话的意思是，蘧伯玉以单独为君子而感到耻辱，你为何一个人专门获得仁义？

李笃听了，回答说："现在我也想和你分享，但是你现在的行为已经获得了一半。"

毛钦听完，长叹一声，就离开了。后来，李笃指引张俭经由北海郡，再进入渔阳郡，逃出了塞外。

在这期间，张俭经历的风险就不必说了，而受其"株连"的人更是不计其数。史书记载："其所经历，伏重诛者以十数，连引收考者布遍天下，宗亲并皆殄灭，郡县为之残破。”也就是说，张俭自逃亡以来，所投奔的人家，因为窝藏和收容他而被官府诛杀的有十余人，被逮捕和审问遍及全国，这些人的亲属也都同时被处决，甚至有的郡县因此变得残破不堪。

在当时，人们都把能收留张俭当成是一件非常光荣的事情。有一次，张俭投奔好朋友孔褒，但当时孔褒不在，孔褒年仅 16 岁的弟弟孔融做主收留了他。后来事情被泄露，张俭虽然得以逃走，孔褒、孔融被官府抓了起来，但在定罪的问题上犯了难，因为这几个人争相认定自己的罪。

孔融说：“是我把张俭收留的，应当由我坐罪。”

孔褒说：“张俭是来投奔我的，我来受刑。”

他俩的母亲却说：“我是家主，应该判我。”

一家母子三人争相赴死，成为当时美谈。最后，皇帝下诏，将孔褒诛杀抵罪。

张俭以逃犯的身份能有如此大的影响力，也堪称为最牛的逃犯了。

为啥说“曹真不死，便无司马”

司马家族之所以能够代替曹魏，建立晋朝，一个重要的事件就是司马懿善于“伪装”，先是诈病赚曹爽，然后在高平陵事件中，一举消灭了曹爽一党，从而掌控了朝政大权，为孙子司马炎的登基奠定了基础。

有人说，从这一点上来看，就知道司马懿有多强了。实际上这个说法也不完全正确，司马懿有能力自然无疑，最主要的是他遇到了能力不强的对手——曹爽。

关于曹爽这个人，司马懿对他有个评语，叫作“驽马恋栈豆”。啥意思呢？驽马就是劣马，不好的马；栈，就是马棚；豆，这里是饲料的意思。这句话的意思就是说，劣马只会惦着马棚里的那一点饲料，目光短浅，而从不会志在千里。

别的不说，司马懿看人这一点还是很厉害的。没错，曹爽就是这样一个人。

看看历史上那些辅政大臣，他们最看重的都是啥？对，权力，一呼百应、呼风唤雨的权力，而曹爽呢？他看中的只有享受。不信，你看看他的所作所为吧——各地给皇帝送来的各种供品，曹爽先要过目，把喜欢的、最珍贵的自己留下，其余的才送给皇上。

曹爽还喜欢玩乐，尤其是喜欢打猎。也恰恰是一次打猎，才让司马懿抓住机会，占据了京城。

此时的曹爽还是有翻身的机会的，如果听从“智囊”恒范的话，前往旧都许昌，以天子的名义召集兵马，讨伐司马懿，鹿死谁手还不一定。但是这个曹爽想了一晚上，最终还是放弃了这个想法，选择交出权力，想让司马懿放自己一马，在京城做个快乐的“富家翁”。这个愚蠢的想法直气得恒范指着他大骂：“曹子丹佳人，生汝兄弟，犊耳！何图今日坐汝等族灭矣！”

意思就是说，曹子丹是何等英雄，怎么生了你们这几个儿子，跟猪狗一样！他怎么会想到现在由于你们的原因，而被灭族！曹子丹，就是曹真，他的字是子丹。恒范用“佳人”来称赞他，足见曹真的能力了。

当然，如果你通过《三国演义》来认识曹真，那可就大错特错了。罗贯中笔下的曹真，是个名副其实的庸才，他的出现只是为了衬托司马懿的才能。庸才也就罢了，演义中的曹真死得还很窝囊。他和司马懿打赌，结果吃了败仗，输掉了赌局；然后心中气闷，病倒在床；诸葛亮得知后，写了一封挖苦他的信，心胸狭隘的曹真竟然被活活气死了。

然而在正史中，曹真可是一代名臣，能力非常突出，相比于司马懿，他可毫不逊色。可以说，如果有曹真，司马家族夺权还真要费点劲。

曹真本不是曹家子弟，原本姓秦。他的父亲是曹操的亲信，在为曹操办事时被杀，于是曹操就将曹真收为义子，和曹丕等人一起生活，深受曹丕的重视。后来，曹丕临死前，还让曹真辅佐儿子曹叡，成了辅政大臣。

为啥曹氏家族这么器重曹真呢？

首先，曹真非常勇武。有一次他和曹操一起去打猎，突然遇到一只大老虎，被老虎追逐。正当大家惊慌失措的时候，曹真突然转身，弯弓搭箭，只听“嗖”的一声，将老虎射倒。

曹操看见了，非常高兴，将他夸赞一番后，又将最精锐的部队——虎豹骑交给他掌管，这次事件也是曹真人生的一个转折点。《三国志》中就有记载：“常猎，为虎所逐。顾射虎，应声而倒。太祖壮其鸷勇，使将虎豹骑。”

不光勇猛，曹真还颇具军事才能。那一年，刘备攻打汉中，派出张飞、马超等人攻打武都、阴平，曹操派曹休、曹真抵抗。结果，刘备不仅大败，而且大将吴兰、雷铜、任夔等大将先后战死，马超、张飞不得已只好退兵。

这件事之后，曹真名声大振，他也因此被封为中坚将军，之后被授予中领军的职位。

曹真还很有谋略。有一次诸葛亮北伐，曹真听说后，马上判断出诸葛亮一定会攻打陈仓。于是，他提前命令增兵陈仓，修筑工事。果然如他所预料的那样，诸葛亮派出重兵攻打陈仓。但陈仓城池坚固，诸葛亮多次进攻都没能攻下，无奈之下只好退兵，这次北伐也以失败而告终。

这也不得不说，曹真的谋略还真不亚于诸葛亮！

如果有这样的能人在，司马懿还能那么轻易夺取政权吗？可惜的是，曹真死在了曹叡的前面，以至于曹叡临死前，只好选择曹爽来担任辅政大臣，和司马懿一起辅佐年幼的儿子，因此也才有了被司马氏夺权的机会。

这也真不怪别的，谁让曹真死在了司马懿的前面呢。

同属“竹林七贤”，为啥差距这么大

面对现实生活的不如意，许多人都会选择逃避。正如现代人所宣称的“在上班和上进之间，我选择了上香”那样，古人也会避开现实，从其他渠道寻找快乐。

曹魏后期，司马氏家族逐渐掌握了朝政大权，同时采取了高压政策，让朝野上下不敢议论朝政。面对残酷的政治现实，许多知识分子不再把目光聚集在当世生活，而是去追求另类的生活。其中最著名的是一个被称为“竹林七贤”的小团体。

“竹林七贤”这个名号最早出自东晋名士孙盛所著的《魏氏春秋》，一共有七个人，分别是嵇康、阮籍、山涛、向秀、刘伶、阮咸、王戎，这七个人生性旷达，经常聚集在竹林里举办沙龙，畅谈人生。

这七个人之所以能聚在一起，一个重要原因是他们都好酒。

其中有一个叫刘伶的，他的好酒，可以说千古闻名。他常常乘着鹿车，拿着一壶酒，到处乱跑，还让一个仆人扛着铁锹跟着他。每次出门前，他都会嘱咐那个扛着铁锹跟着他的仆人：“如果我喝酒喝死了，你就随便挖个坑把我埋了吧！”

另外有一个叫阮籍的，他有一项特异功能，就是眼睛会变色。看到自己欣赏的人，眼睛就变成青色，以“青眼”相对；看到自己讨厌的人，眼睛立刻变成白色，简直是“翻白眼”的天花板。

阮籍的名声很大，当时的大权臣司马昭想让阮籍的女儿嫁给自己的儿子，于是就派人去提亲。阮籍讨厌权贵，对司马家族很是反感，于是在媒人到来时就大碗喝起酒来，一碗接一碗，喝得酩酊大醉。醉到什么程度呢？睡了六十天还没醒来。媒人等来等去也不见酒醒，也就没法提媒了，司马昭也只好打消了这个念头。

除了嗜酒，这七个人的文采都很高。阮籍的五言诗，嵇康的散文，在文学史上都占重要地位。阮籍的诗含蓄幽深，虽有哀怨，但很节制。嵇康在诗中，表达了自己追求自然、独立于世、厌弃功名富贵的人生观。而向秀的《思旧赋》，用短短的篇幅，意犹未尽的文字，传达了最深挚的感情，堪称千古名篇。还有“酒鬼”刘伶，更是把喝酒和文学结合起来，写了一篇精美的散文《酒德颂》。

除了这些共性，这七个人也各有各的不同，但都彰显着自己独特的个性。

比如刘伶，他除了是个“酒鬼”之外，还有“裸露癖”，是一个“行为艺术家”。他经常在家中裸奔，有人实在看不下去了，就责备他说有伤风化。刘伶却反驳说：“谁说我没穿衣服。天地就是我的房屋，这住的房屋就是我的衣服。你怎么能钻到我衣服里面来呢？”

王戎是这七个人当中年龄最小的一个，也是最抠门的一个。女儿出嫁后曾向王戎借了一笔钱，由于拖的时间比较久，王戎见到女儿和女婿便从没好脸色。要知道，那可是自己亲生的姑娘啊。他侄子结婚的时候，王戎只不过送了一件普普通通的单衣，但过了一段时间，王戎居然又索要回来，真可谓一毛不拔了。

还有一个又好气又好笑的事情。王戎家中有棵李子树，他想卖李子赚钱，又怕被人买去得到种子，于是便挨个把李子的核钻破再去卖，如此精于算计也是到了奇葩的地步。

在七贤里面，如果要论名望，最高的还要数嵇康了。他对权贵保持着百分百的拒绝。原本，他和同为“竹林七贤”之一的山涛为至交好友，但后来，山涛跟司马氏打得火热，还向朝廷推荐嵇康做官。嵇康气愤至极，当场写了一封《与山巨源绝交书》，毅然和山涛绝交，由此赢得了很高的人气。

但让嵇康人气达到爆棚的还是在他被押赴刑场、在被处死前演奏《广陵散》的情景。由于和司马氏集团对抗，怒不可遏的司马昭便抓了一个罪名要将嵇康处死。由于他的名气和才华，三千名太学生上书请求免罪，但是这反而坚定了司马氏杀害嵇康的决心。

在当时，有一首千古名曲只有嵇康一人能演奏，在临刑的时候，嵇康气定神闲，弹奏完这首曲子后，不无遗憾地说：“《广陵散》于今绝矣！”

后人虽然把这七个人并称“七贤”，但从实质上看，这七个人的才华、为人、思想境界差距还是很大的。不过，这也有他们在残酷现实面前的无奈，而由此引发的各种奇葩行为，也为千秋后代留下了一个评说不尽的话题。

陶渊明的“躺平”生活

不知从何时开始，“躺平”一词开始流行，有人分享自己的“躺平”心得，有人晒出“躺平”攻略，还有人总结出“只要你选择躺平，世界就会为你让路”的处世之道。

其实，躺平并不是现代人的发明，早在一千五百年前，就有人选择了躺平的生活。你想知道自己选择躺平是否正确，不妨看看这位先贤的经历。

这位分享自己躺平经验的先贤不是别人，正是我们大家都熟悉的陶渊明。没错，就是那位独爱菊花又嗜酒如命的陶渊明。

实际上，陶渊明最初也并不想躺平，原因就在于他的家庭和出身。后人想象中的陶渊明只是一个乡村匹夫，实际上他也有一张口就“想当年，我祖上……”的本钱。

陶渊明的爷爷名叫陶侃，这个人曾经是晋朝的封疆大吏，独自镇守一方，还曾在平定国家内乱时立下汗马功劳。受其影响，陶渊明在少年时也是鲜衣怒马，激情澎湃，他曾豪迈地写道：“猛志逸四海，骞翮思远翥。”

只不过爷爷死后，陶家逐渐败落，日子也一天不如一天了。陶渊明一边为了自己和家人的生活，一边为了心中的理想，开始步入仕途，来到离家乡不远的彭泽当县令。

但是没过多久，上边就派了一名督邮来检查工作。这次来的督邮既粗俗又傲慢，一到彭泽县的客栈，就让陶渊明去见他，可陶渊明性格清高，很讨厌这种仗着有点权力就发号施令的人，于是挥一挥衣袖，潇洒地走了，同时还留下一句名言：“岂能为五斗米折腰！”

离开了彭泽的陶渊明真是无官一身轻，也正式开启“躺平”生活。不过，“躺平”并不是躺在床上，混吃等死，而是把欲望降到最低，也就是不再追求物质上的享受，而只在乎心灵上的快乐。

看看这位大文学家是怎样描写自己的生活的？

方宅十余亩，草屋八九间。

榆柳荫后檐，桃李罗堂前。

暧暧远人村，依依墟里烟。

狗吠深巷中，鸡鸣桑树颠。

户庭无尘杂，虚室有余闲。

久在樊笼里，复得返自然。

方圆十几亩的乡村别墅，有八九间房屋，房前种着桃树和李子树，屋后面种着榆树，真是一幅优美的田园风光。陶渊明也不是那种孤芳自赏的人，也喜欢交友，这些人被他称为“素心人”。

啥叫“素心人”？就是指那些心地纯朴而又趣味不俗的人，这些人或者是田间的邻居，或者是远离官场的隐士。陶渊明和这些人或者在天气好的时候登高赋诗，或者在忙完农活后聊聊天。这也有诗为证：

春秋多佳日，登高赋新诗。

过门更相呼，有酒斟酌之。

农务各自归，闲暇辄相思。

相思则披衣，言笑无厌时。

当然，为了追求“躺平”的生活，陶渊明也付出了生活的代价。

正夏长风急，林室顿烧燔。

一宅无遗宇，舫舟荫门前。

他归园田居“躺平”后的第四年，居住的田园突然遭遇了火灾。这场火灾使陶渊明多年的苦心经营毁于一旦，在精神上也给予了他沉重的打击。

风雨纵横至，收敛不盈廛。

夏日长抱饥，寒夜无被眠。

从那之后，陶渊明的生活陷入了困窘的境地。尤其是到了晚年，陶渊明的生活变得更加艰难起来，艰难到什么程度呢？经常要向邻居要饭吃：

饥来驱我去，不知竟何之！

行行至斯里，叩门拙言辞。

毕竟是清高的文人，即使腹有五车诗书，却也很难向邻居开口。好在主人非常热情，化解了他内心的难堪：

主人解余意，遗赠岂虚来？

谈谐终日夕，觞至辄倾杯。

与贫穷相伴的还有疾病。晚年的陶渊明大病缠身，严重的时候都没有办法写作，整日看不见笑容。“负疴颓檐下，终日无一欣。”说的就是这种情况。最让他痛心的是，子女还都不成才，无法重振家门。《责子》诗写道：

白发被两鬓，肌肤不复实。

虽有五男儿，总不好纸笔。

阿舒已二八，懒惰故无匹。

阿宣行志学，而不爱文术。

雍端年十三，不识六与七。

通子垂九龄，但觅梨与栗。

这首诗什么意思呢？简单来说，就是陶渊明描写了他的五个儿子的情况。这五个孩子都存在着“基因突变”，都和学习有仇，甚至到了13岁还不识数，完全不同于他们的父亲。不爱学习也就罢了，而且还又懒又馋，只知道找梨和栗子吃。

不过，陶渊明最后也接受了这一事实，“天运苟如此，且进杯中物”，无力改变命运，只好陶醉在酒中吧。

谁承想，每个人都认为潇洒快乐的陶渊明，“躺平”的生活竟是如此令人心痛。正如现代有人说的“哪有什么岁月静好，只不过有人在为你负重前行而已”。如果没有人为你负重前行，“躺平”的想法还是要三思一下。

清高的李白也拍过马屁

在人们的眼中，才子总是和清高联系在一起的，一个人才学越高，性情也就越清高。比如说李白，他才华横溢，出口成章，尤其在诗歌方面，更是成绩斐然，有诗仙之称。如果诗界有琅琊榜的话，李白称第二，就没人敢称第一。

除了有才，李白还很清高，他的那句“安能摧眉折腰事权贵，使我不得开心颜”，更是直接立下了目标，尤其是让高力士为自己脱靴的事情，更是把这句话诠释得淋漓尽致。

高力士是谁啊？当朝皇帝唐明皇李隆基最宠信的太监，对一般人来说，有着生杀大权，连太子见到他都很恭敬，一般的亲王都叫他“爷爷”，李隆基也把他当兄弟看待。

有一次，李白陪李隆基喝酒喝醉了，一时兴起，就让高力士为他脱靴子。高力士听到李白居然敢这样对自己使唤，气得七窍生烟，但是李隆基那时候也喝多了，竟然笑眯眯地同意了李白的请求。高力士没有办法，只好跪下来给李白脱了靴子。

有了这样的人设，如果说李白曾经做过逢迎拍马、阿谀奉承的事情，你会信吗？相信大部分人也不会。不过，人设总有崩塌的时候，那么李白会不会人设崩塌呢？

李白自幼聪明，而且受过严格的教育，所以学识非常渊博。成年后，他到四川一带游历。雄伟壮丽的山川，开阔了他的视野，养成了他广阔的襟怀、豪迈的性格。李白决心像历史上的杰出人物那样，干一番轰轰烈烈的大事业。

但是，李白没有像当时的读书人那样，通过科举考试来获得官职，而是希望依靠自己的学问、品德，获得声誉，一举成名。人们都知道，李白之所以能够获得唐明皇李隆基的关注，主要是因为贺知章等人的举荐。这也就相当于，李白跳过了考试这个关卡，直接进入了仕途。

关于李白为什么没有参加科举考试，还有人解释为他没有资格参加，至于原因，也有两种说法：一说是李白家中经商，而商人的子嗣是不能参加科举的；一说是唐代科举审查非常严格，有劣迹或家世不清的人士不能参加，李白自称与当朝皇家是同族，但又没有谱牒等证明，因而被认为是家世不清，不能参加。

总之，不管是不能参加科举也好，不想参加科举也好，李白没有走上传统仕途之路。在遇到贺知章之前，虽然李白四处游走，游历了大半个中国，诗歌作品越来越成熟，但唯独没有获得一官半职。

到了 734 年左右，李白已经过了而立之年，他感到十分着急，迫切需要一份固定的工作来养家糊口。

恰好这时，李白听好友卢子顺说，荆州大都督府来了新长史，而且“最能拔擢后进”，李白眼中一下子又闪出了希望的光芒。

卢子顺说得没错，荆州确实刚上任了一名长史，名叫韩朝宗。不过，除了长史，他还有两个更重要的官职：襄州刺史和山南东道采访使。

在唐朝，长史为一州的行政长官，刺史可以是几个州的行政长官，而采访使更厉害了。当时，大唐朝全国一共分十五个道，每个道设置一个采访处置使，简称采访使，掌管检查刑狱和监察州县官吏。山南东道就是十五道之一，管辖范围为今天湖北省的大部和四川、河南、陕西三省小部。没错，一身三职的韩朝宗妥妥的是一个封疆大吏。如果能得到这样的人赏识，得到个一官半职那可是轻轻松松的事情。

韩朝宗的这几个身份，那可都是实打实的“硬通货”，一个比一个厉害。

另外，韩朝宗不仅有“推贤进士”的口碑，而且此前也确确实实荐举过不少年轻人，其中包括李白的好友崔宗之，还有严武、蒋沇等人。因此，李白对韩朝宗也是信心满满，心想此行大概率不会空手而回。

李白于是就写了一封信，向韩荆州推荐自己，希望得到他的赏识。李白在信中，开头就是“生不用封万户侯，但愿一识韩荆州”，对韩朝宗可以说极尽奉承之意，也正是因为这句话，人们将李白“溜须拍马”的行为“实锤”了。

不过从事后来看，李白并没有得到韩荆州的赏识，也只能继续“仗剑走天涯”，寻找着自己的“伯乐”。不过，“生不用封万户侯，但愿一识韩荆州”一句虽然有“溜须拍马”的嫌疑，但要记住这是一封自荐信，“夸张”一下也未尝不可，更何况李白本来就是“浪漫主义诗人”，夸张更是常用的修辞手法。

白居易也曾“京漂”过

我们现代人为了更好地生活，有时候就需要背井离乡，到一个陌生的地方生活，尤其去大城市发展，做起了“北漂”“沪漂”“广漂”。一般来说，“漂”的生活并不容易，也许这时你会发出感叹，还是古人好啊！其实，古人的“漂”也并不是那么惬意。不信，你看看白居易。

白居易，祖籍是山西太原，但是由于祖辈和父辈常年在河南做官，所以他小时候长期生活在河南。

由于家族中几代人为官，在这样的家庭背景下，白居易从小勤奋好学，在幼年时期便开始尝试创作诗词，尤其是那首《赋得古原草送别》更是人人称赞。

离离原上草，一岁一枯荣。
野火烧不尽，春风吹又生。
远芳侵古道，晴翠接荒城。
又送王孙去，萋萋满别情。

少年时期的白居易可以说志得意满，十分渴望施展自己的才华，于是，他在16岁那年，便收拾好行囊，前往京城长安，为进入仕途做准备。

不过，来到长安之后，白居易发现，一切和自己的设想完全不一样，甚至被当头浇了一瓢冷水。

白居易带着自己的诗作拜访了当时文学大咖顾况。顾况一听白居易的名字，禁不住大笑："长安米贵，居大不易"。意思就是说，京城消费高，生活恐怕不容易。

但是，当他读完白居易写好的诗文后，一声感叹，说：“能写出这样的句子，要住下来还是很容易的！”

有了文学大咖的称赞，白居易的名声一下子就起来了，但是“居易”仍旧“居不易”。他那点儿微薄的工资根本买不起房，只能选择租房，而且一租就是 18 年。

那时候白居易还是单身，工作也比较清闲，最初也过着“诗酒趁年华”的生活：

三旬两入省，因得养顽疏。

茅屋四五间，一马二仆夫。

窗前有竹玩，门处有酒酤。

何以待君子，数竿对一壶。

看吧，一个月才上两次班，够清闲吧；一个人住四五间房子，还有车有仆人，窗前有竹子，门口不远处就能够买酒喝。平时呢，就是和几个好朋友带上一壶酒，钓鱼找乐趣。

这种生活想想就开心。不过，时间久了，租房的生活也变得苦闷起来，白居易也由喜欢变成了抱怨，甚至羡慕起蜗牛和老鼠来，以为它们虽然卑微，但也有自己的藏身之地，而自己甚至不如它们：

游宦京都二十春，贫中无处可安贫。

长羡蜗牛犹有舍，不如硕鼠解藏身。

却求容立锥头地，免似漂流木偶人。

但道吾庐心便足，敢辞湫隘与嚣尘。

后来因为要结婚，不知道他的丈母娘要没要房子，但是在他母亲的催促下，白居易还是狠狠心，买了一套，不过这套房子在远郊区，环境还不错。

当时，白居易有个好朋友叫元宗简，刚好在长安的繁华地段长安升乐坊买了一套别墅，白居易很是羡慕，于是便约定做邻居。结果，白居易看了看自己的积蓄，盘算来盘算去，最后还是放弃了这种想法，只好买下了一套郊区的房子。

白居易的房子位于新昌坊，这里有个著名的建筑叫青龙寺。白居易在新居中还可以听到青龙寺的钟声。白居易还写过一首诗，描写了当时的环境：

百千家似围棋局，十二街如种菜畦。

遥认微微入朝火，一条星宿五门西。

诗中的描绘既有宫城，也有皇城，还有外郭城，可以说把整个长安城的印象尽收眼底。

搬进新家后，白居易有些小兴奋，毕竟算有了自己的家，于是给元宗简写了一首诗描绘自己在新家的生活：

青龙冈北近西边，移入新居便泰然。

冷巷闭门无客到，暖檐移榻向阳眠。

阶庭宽窄才容足，墙壁高低粗及肩。

莫羡升平元八宅，自思买用几多钱。

白居易的意思是说：我已经搬进新家了，心情非常舒畅。地理位置有些偏，所以来的客人很少，于是我就把床移到了房檐下，在阳光下睡了个午觉。房子有点小，墙也只有肩头那么高。不要羡慕人家元宗简的豪宅，毕竟自己买房才花了那么一点儿钱而已。

不过，这多少有些自我安慰，因为离单位远，所以通勤成了大问题，时间久了，又不免心生抱怨，他写诗道：

筋力年年减，风光日日新。

退衙归逼夜，拜表出侵晨。

何处台无月，谁家池不春。

莫言无胜地，自是少闲人。

坐厌推囚案，行嫌引马尘。

几时辞府印，却作自由身。

白居易大致是说：每天下班回到家，时间已经是深夜了，而且第二天一大早还要起来上班，这样的日子太折腾人了，让人身心疲惫，什么时候能够裸辞，能够来个说走就走的旅行啊！

唉！“京漂”不易，古今皆同，且行且珍惜吧！

一位寒门逆袭的大人物

“为什么要学习？”

这个问题和“今天吃什么”一样，都已经被列入了千古未解难题，尤其困扰着小孩子和学生们。

不过，对这个问题，在我国宋朝时期，一位皇帝以诗的形式写出了他自己的答案：

富家不用买良田，书中自有千钟粟。

安居不用架高楼，书中自有黄金屋。

娶妻莫恨无良媒，书中自有颜如玉。

出门莫恨无人随，书中车马多如簇。

男儿欲遂平生志，五经勤向窗前读。

写这首诗的皇帝就是宋真宗赵恒。这首诗写得很直白，也因此常遭现代人的批判。不过在古代，读书不仅是一个当官的途径，更是一个“小镇做题家”出人头地的机会。

而在宋朝，还真的出了一位从寒门逆袭的大人物，他的故事更是一直影响到今天。

宋朝第二个皇帝赵光义在位的时候，有一年，国内流行瘟疫。这一天，在现在山东的淄博地区，天降大雪，一个抱着孩子的妇人因为饥寒交迫而倒在了雪地上。但幸运的是，被一个富贵人家救了下来。

男主人一番询问，那名妇女才说出自己的身份。她本姓谢，是徐州一名官员的小妾，去年刚生下一个儿子，但是今年丈夫却突然去世了。更为不幸的是，那名官员的大老婆非常凶悍，将母子俩赶出了家门。

谢氏本想回娘家，却不想碰上瘟疫，只好从徐州流落到了山东，现在已经无家可归了。男主人心地善良，于是便收留了这对母子。后来，谢氏还带着孩子嫁给了这个男主人。

这家的男主人名叫朱文瀚，他娶了谢氏非常高兴，不仅对谢氏很好，而且也很疼爱那个孩子，并给他取名叫朱说。

除了朱说，朱文瀚还有几个亲生的儿子，这些孩子年龄相仿，整天在一起玩儿。到了上学的年龄，朱文瀚又把他们一起送进了学堂学习。

人们常说，命运常常会和人开玩笑，这次，命运也和朱说开了一个大大的玩笑。

朱说喜欢学习，而且非常勤俭，有一次，他看到朱家兄弟的奢侈浪费行为，忍不住说了几句，没想到一下子激怒了这几个人。朱家兄弟冷冷地嘲讽道：“我们花的是朱家的钱，与你何干？”

这句话对朱说来说真是如同晴天霹雳，“难道我不是朱家人？”在他死死纠缠下，谢氏无奈说出了实情。朱说听完，当时的那种心情，也许只有在杏子林中，突然得知自己是契丹人的萧峰才能体会。

冷静下来之后，朱说做了一个决定，辞别母亲，离家出走，到位于现在河南商丘的应天书院求学。

不过，看着伤心的母亲，朱说强忍心中不舍，说：“且等我十年，十年之后，就是我功成名就之时，到时我回来接您。”

这一年，朱说 22 岁。虽然已经成人，但是一介书生，没有了衣食来源，日子过得也非常清苦。为节省开支，他每天只吃一盆粥。不过你可别想多了，这个盆可不是今天的脸盆，大小也就比盛菜的碗大一些。

朱说把粥煮好后，不着急吃，而是先把它放在阴凉的地方，等粥凝固了之后，再用小刀划成四块，每日早晚各吃两块。菜呢，只有一些咸菜。

就这样，过了一段白粥就咸菜的生活后，他的一个同学实在看不下去了，就送给他一些美味佳肴，让他改善一下伙食。但是几天后，那位同学发现那些美味纹丝未动。

那位同学非常好奇，就询问原因。朱说对他说：“这些美味虽然很好，但是我早已经习惯了清苦日子，一旦吃了好吃的，自己恐怕就再也不能过原来的贫困日子了，影响学业。”

宋朝大文学家欧阳修说：“由俭入奢易，由奢入俭难。”朱说却用自己的行动证实了这句话。

除此之外，为了学业，朱说也是拼了，日夜苦读，真正做到了“两耳不闻窗外事，一心苦读圣贤书”，为的就是有朝一日能够金榜题名，鲤鱼跃龙门，一朝翻身，去兑现对母亲的承诺。

有一次，当朝的皇帝宋真宗率领百官去朝拜太清宫，正好路过商丘，这下子可轰动了全城，老百姓像遇到明星一样，纷纷跑到街头去观看，学院的师生更是如此，都跑了出去，想亲眼看看天子龙颜。

唯独朱说不为所动，依旧读着书。同学以为他不知情，赶紧招呼他，说再不去看，御驾就走了。

谁知道，朱说头也不抬地说：“将来再见也不迟！”

什么人能见皇帝，除了皇帝的族人、佣人，剩下的大概率只能是朝臣了，而且官职还必须要高。朱说以一个穷学生的身份说出这样的话来，同学们都没有当回事，就跑开了。

不过，朱说的牛可不是吹的，这个愿望还真让他实现了。一番寒窗苦读之后，在他26岁那年，终于金榜题名，考中进士，当然也面见了皇上。

几年后，朱说的母亲谢氏病逝了，朱说就上奏皇帝，要认祖归宗，改回亲生父亲的范姓，名字就叫仲淹！

一路被贬一路吃，走近“吃货”苏轼

如果把古代的名人化为满天星斗的话，苏轼绝对是极为耀眼的一颗。他的才华、博学、诗词、文章，都是宝贵的精神财富。除了这些，你不知道的是，苏轼还是一名妥妥的“吃货”。

纵观苏轼同时代的文豪，欧阳修、王安石等，虽然他们的仕途也有波折，但基本还算平稳。再看苏轼的为官之路，基本可以概括为：贬官，贬官，再贬官！但与他人的贬官不同，苏轼总能挖掘出当地的美味，将贬官之路变成美食之旅。

第一次被贬，是因为“乌台诗案”。那时候的苏轼就是一名才华横溢的“愤青直男”，有什么就说什么，从不藏着掖着。

当时，宋神宗正重用王安石主持变法改革。苏轼与这些变法派的政见不合，感觉自己无法在朝廷立足，便申请到外地做官。皇帝同意了，苏轼先后在杭州、密州、徐州等地任职。

那一次，朝廷将苏轼从徐州调到湖州担任知州。苏轼到任后，就写了一封感谢信，其中有一句：“陛下知其愚不适时，难以追陪新进；察其老不生事，或能牧养小民。”

啥意思？大概就是说，大老板知道我愚蠢，跟不上时代，不适合在朝中任职，但还能在地方上给我机会，我真是感激。

这本来没毛病，但是一些人却专门鸡蛋里挑骨头，认为这句话暗含嘲讽变法派和皇上的意思。后来这件事情几经发酵，变得不可收拾起来，苏轼的人生一下子跌入低谷，不但坐牢 103 天，在出狱以后，还被贬到黄州当了一个小小的官。

到了黄州后，卑微的官职、陌生的环境、贫困的生活，甚至连住的地方都没有……一下子都压在了苏轼的身上。后来，他的一个老朋友实在看不下去了，就给他申请下来一块土地来维生。

于是，苏轼便在这块地上辛勤耕作，种庄稼，种果树，还为自己修了居所，并取名为“东坡雪堂”，充满了乐观与浪漫，东坡居士这个名号也诞生了。

对苏轼来说，黄州的生活是他最重要的人生经历之一。在这里，经历了短暂的“暗黑”生活之后，他对人生也有了新的认识，他那乐观的态度让他的人生变得越来越洒脱。在黄州，他不再为国事操心，时常游山玩水，泛舟长江，饮酒赋诗，好不快哉。

对苏轼来说“没有什么可以阻挡，对美食的向往”。如果说，乐观和洒脱的态度是支撑苏轼度过了黄州的苦难生活的话，那么美食就是乐观和洒脱态度的重要来源。苏轼对美味的追求简直就是那个时代的巅峰。在黄州，当地人几乎吃腻了的鱼和竹笋，苏轼却觉得美味非凡。他写道：“长江绕郭知鱼美，好竹连山觉笋香。”

当然，在黄州，苏轼还留下了至今仍被推崇的“东坡肉”，在当地有上好的猪肉，价格却如同泥土那样价格低，富贵的人不屑吃，贫穷的人不知道怎么吃。苏东坡经过研究，发明了一种做法，做出来的猪肉那真是香飘十里，令人垂涎三尺。他还写下了一首打油诗——《猪肉颂》，把做法写在了其中：

净洗铛，少著水，柴头罨烟焰不起。待他自熟莫催他，火候足时他自美。黄州好猪肉，价贱如泥土。贵者不肯吃，贫者不解煮。早晨起来打两碗，饱得自家君莫管。

四年后，美食家苏轼离开了黄州，官职有所提升，但是不久，耿直的性格又让他吃了亏，被贬到了惠州。当时的惠州可不是现在的惠州，那时的惠州还没有经人开发，还是一片蛮荒之地。但苏轼到这里后，因为有了黄州的经验，苏轼来到这里后也过得有滋有味。尤其是那成片成片的荔枝树，更成了苏轼的最爱，他写诗道：

罗浮山下四时春，卢橘杨梅次第新。
日啖荔枝三百颗，不辞长作岭南人。

不过，苏轼想“长作岭南人”的梦想只能是一厢情愿。当他要以惠州为家终老此地时，命运却再次和他开起了玩笑。1097 年，苏轼再次遭贬，这次是更远的儋州，而此时，他已经 62 岁了。

儋州位于现在的海南岛，那时候，贬官海南比满门抄斩罪轻一等。但是，苏轼又把儋州当成了自己的第二故乡，“我本儋耳氏，寄生西蜀州”。在这里，除了欣赏独特的风情外，作为吃货，苏轼更钟情于当地的美食——生蚝，发明了生蚝的多种吃法：“海蛮献蚝，剖之，得数升，肉与浆入与酒并煮，食之甚美，未始有也。”

1100 年，朝廷发布大赦，苏轼因此离开了海南。但是在回京的途中病逝。在途中，他还写下了一首诗，其中一句是：“问汝平生功业，黄州惠州儋州。”

在生命的最后，苏轼认为自己一生的功业，恰恰在被贬谪的三个地方：黄州、惠州、儋州。

作为科学家的外交官

都说“弱国无外交”，对于“群狼环伺”的北宋王朝更不必说了。当时，大宋北有大辽国，西有西夏国，西南方还有吐蕃和大理，而偏偏宋王朝的统治者还不争气，一直压抑武将，生怕他们重兵在握也搞个“黄袍加身”。由于在对外军事上总处于下风，大宋朝在外交上也总是处于劣势。

但是，在宋神宗在位的时候，却有一位大臣出使大辽，并不辱使命地完成了任务，为宋王朝打了一针强心剂。

这个人是谁呢？许多人可能都想不到，他就是沈括。

提到沈括，大家首先想到的他是一名科学家，他有一本科学著作名叫《梦溪笔谈》。同时，他精通地理，懂天文，担任过司天监，笔杆子也好，而且懂财政，担任过管理全国财政的最高长官——三司使，放到现在来说，那绝对是一名复合型人才。最难能可贵的是，他对国家一片忠诚。

“澶渊之盟”后，大宋的皇帝们终于松了一口气，进入了一段难得的相对和平时期。但是，和平就像兔子尾巴那样短。到了宋神宗年间，宋与辽之间的边境争端再起。

那时候，辽朝在位的皇帝名叫耶律洪基，就是辽道宗。有一次，他突然指责宋军越过边境，寻滋闹事，同时派使者来到宋朝都城，提出要重划现在山西北部一带的边界。

真是祸从天降。当时的宋神宗得知这个消息，很是纠结，他既不想割地，也不想打仗，怎么办呢？

我们现代人都知道，战争和外交都是为政治服务的，反过来说，解决政治问题既可以靠战争，也可以靠外交。敢于变法的宋神宗政治头脑也不简单，所以他打算使上一招——“斗转星移”，你耶律洪基不是打算发动战争吗？那我就通过外交手段来化解。

但是，他马上又发愁了，朝中大臣虽多，但派谁去呢？大臣们都知道，和辽国谈判可不是容易的事，而且看样子耶律洪基志在必得。如果态度强硬了，耶律洪基不会认可，可能会引来杀身之祸；态度软了，同意割让土地，大臣们会骂你丧权辱国，朝廷不会同意。另外，本次谈判涉及边境纠纷，如果你不懂当地地理，即使你有外交才能也难以胜任。

看到宋神宗愁眉苦脸的样子，宰相王安石推荐了自己的好友沈括。当时，沈括还在外地，得到皇帝的诏书，立刻飞奔到京城，毅然接下了这个重任。

当然，对此次出行的危险沈括也心知肚明，他只向皇帝说了一句话：“为报君恩，臣万死不辞。”看着沈括大义凛然的样子，宋神宗反倒有些于心不忍了，安慰沈括说：“卿的安全就是边疆的安全。我们大宋是礼仪之邦，为一口闲气而搭上性命是不值得的，同时对谈判也没有什么好处。卿千万不能莽撞行事！”

不过沈括毕竟是沈括，有着理工生特有的谨慎。在谈判之前，沈括翻档案、查资料、阅文书，翻遍了有关辽宋边境的资料，还真找出了辽方两次提出边界不一、误差较大的破绽。宋神宗得知后高兴得差点没跳起来，称赞道：“沈括真是精明啊，和以往主持谈判的大臣完全不一样。这下朕可以放心了。”

一切准备就绪之后，沈括带着地图来会见大辽使者萧禧。萧禧是契丹的贵族，是个“大宋通”，对宋王朝的种种弊端十分清楚。他有强大的军事力量为后盾，傲气十足。

沈括到来后，不慌不忙，一针见血地指出辽国所谓的边界争议实际上是强索土地。同时，他还将地图摆在案上，争议谁是谁非。萧禧被说得无言答对，第二天就悄悄地返回了。

沈括凭借一席话、一张图就将在都城纠缠一个多月的辽使打发走，满朝都震动了。但沈括决定乘胜出击，彻底解决这个问题，便以“回谢辽国使”为名出使大辽。

耶律洪基听说后不禁大吃一惊，为了挽回萧禧失败的面子，又是进行军事演习来示威，又是派口才好的大臣来谈判，但沈括始终以不怕天不怕地的精神据理力争，挫败了大辽的如意算盘。

沈括在出使回来的路上，还将所路过地方的地理环境、气候、风土人情以及驿道的方位和里程等都做了记录，整理成《使契丹图》，使大宋王朝对辽国有了更深入的了解，同时也为后人研究大辽的历史提供了宝贵的资料。

“风流才子”唐伯虎到底风不风流

说到唐伯虎，想必很多人都知道，他有“江南第一风流才子”的美誉，许多影视作品也把他演绎成风流潇洒、相貌堂堂、多才多艺的贵族公子哥的模样，做尽了风流韵事，成为许多现代人羡慕的对象。

但是，你羡慕他的风流，却不知道他风流的背后隐藏着多少无奈与哀愁。

唐伯虎姓唐，名寅，字伯虎。一字子畏，号六如居士、桃花庵主、逃禅仙史等。他与文徵明、祝允明、徐祯卿非常交好，人称“吴中四才子”。

在绘画上，他取材广泛，无论是山水画还是花鸟画，都独具一格，尤其是他的仕女画最为出色，深受人们喜爱。人们把他与沈周、文徵明、仇英合称“明四家”。

唐伯虎的父亲是个商人，开了家小酒馆。虽然他很平凡，但也像现代的许多家长一样，希望孩子能成名，见到人总会称赞：“我的儿子将来会成名的。”

唐伯虎的父亲虽然善于经商，但观念很传统，总认为经商不如读书做官好，一心让儿子求学当官。

小时候的唐伯虎既聪明又调皮，而且还染上了不良嗜好——喜欢游戏赌博，斗鸡打猎，还经常和那些打杂的、杀猪的以及小贩们混在一起。父亲见状，对他愈来愈不抱希望。

唐伯虎 16 岁的时候，参加了秀才考试，结果一举拿下了第一名，一下子成了“全村的希望”。在别人的眼中，唐伯虎可谓少年得志，而且家里又富有，一定有个光明的未来。

但是，人们常说，“上天给你关上一扇门时，也会为你打开一扇窗”，但对唐伯虎来说，上天刚给他打开了一扇窗，突然又给关上了一扇门。没过几年，唐家发生了巨变，唐伯虎的父母、妻儿先后去世了，给唐伯虎带来了沉重的打击。

第二年，唐伯虎的妹妹出嫁，唐伯虎刚刚舒缓了一口气，但是没多久，妹妹却在婆家突然自杀了。

只一年时间，唐家便由一个富有的大户人家变得只剩下唐伯虎兄弟二人。唐伯虎那时刚刚 20 出头，面对不幸的命运，一下子愁出了白发，意志变得消沉起来，整天和朋友喝酒消愁。好在有祝允明等朋友的劝慰，唐伯虎继续埋头读书。在 28 岁那年，唐伯虎参加乡试，又得了第一名。

这次夺魁使唐伯虎精神大振，决定进京赶考。如不出意外，凭他的才学，考中进士是板上钉钉的事情，但偏偏就出现了意外。

与唐伯虎同路进京赶考的是巨富之子徐经，两个人一路上成了好朋友，到了京城，徐经和唐伯虎经常去拜访当时的礼部侍郎程敏政和大文豪李东阳等人。

巧的是，那年考试的命题者和主考官是程敏政和李东阳；不巧的是，还没放榜，程敏政就被告发受贿泄题，唐伯虎更是被牵连其中，被关进了监狱。虽然后来查明真相，卖题舞弊案查无实据，唐伯虎也没有进行行贿，被无罪释放。

不到半年光景，从名满天下的一代才子，沦落为科场作弊案的阶下之囚，唐伯虎又一次经历了人生的大起大落。这场劫难过后，唐伯虎心灰意冷，对科举、仕途彻底失去了兴趣。

唐伯虎坐船回到了家乡，但不想遭受的全是冷嘲热讽。这时候唐伯虎才明白，原来曾经拥有的一切，竟然是这么不堪一击。

唐伯虎看尽世态炎凉后，正式拜周臣为师，潜心钻研书画，没几年就名声大噪。于是，他便开始营造自己的“别墅”，取名“桃花庵”，开始了宁静的生活。

但不久，宁王朱宸濠来苏州招贤纳士，唐伯虎不听好友劝诫，毅然远赴宁王的封地江西南昌，打算重展仕途、东山再起。但令唐伯虎失望的是，宁王的招贤纳士只是为了造反。唐伯虎为了避免卷入，只好开始装疯卖傻，在盛宴之上，他开怀畅饮，然后又呕吐狼藉，甚至当着奴仆和使者之面裸露身体。

就这样装疯数月后，不厌其烦的宁王把唐伯虎放还苏州。从这一年开始，唐伯虎很少再出门，整日躲进桃花庵中，为了生计，又开始了卖画。每日坐在临街的小楼前，遇到前来求画的人，便让他们带着酒来，口中吟着：“闲来写就青山卖，不使人间造孽钱。”

此时的唐伯虎，已经到了人生的暮年，忙碌于画画、卖画的生活，自己还刻了一枚“江南第一风流才子”的印章。

到了 50 岁那年，他还写了一首感怀诗：

笑舞狂歌五十年，花中行乐月中眠。

漫劳海内传名字，谁论腰间缺酒钱。

诗赋自惭称作者，众人多道我神仙。

些许做得功夫处，莫损心头一寸天。

几年后，在腊月的深雪和悲风中，一代风流才子唐伯虎结束了他浪漫而又潦倒的一生。

这个“崇洋派”为啥受人们尊敬

崇洋的人一向让人讨厌，但是在明末清初，有这样一个人，不仅沉迷于西方文化，还向国人宣扬外国文化，而且这个人不仅没有招来人们的反感，反而让人倍加崇敬，这是为啥呢？

点、线、直线、曲线、平行线，角、直角、锐角、钝角、三角形、四边形……这些数学术语大家都很熟悉吧，这些早已深入人心的术语就是这个“崇洋派”——徐光启在 400 年前定下来的，这些术语不但在我国沿用至今，而且还传播到了朝鲜、日本。

徐光启 1562 年出生在上海老城厢，也就是现在的黄浦区。长大以后，他参加科举考试的时候路过南京，偶然听说那里从欧洲来了一个传教士，讲了许多稀奇古怪的东西。徐光启的好奇心立刻上来了，求人介绍认识了这名传教士。

这名传教士名叫利玛窦，在南京逗留时间不长，他就前往北京，通过太监马堂的门路，得到了明神宗万历皇帝的接见。利玛窦送给万历帝圣经、圣母图、几只新式的自鸣钟，还讲了一些西洋的风俗人情。万历帝对这些稀奇古怪的东西很喜欢，不仅赏给了利玛窦一些财物，还让他留在京城传教。

几年后，徐光启考取了进士，也到了北京，在翰林院供职，主要负责撰写史书、起草诏书等。这次，他和利玛窦的来往更频繁了。徐光启非常开明，认为西方的科学可以强大明朝，所以就拜利玛窦为师，向他学习西方科学，包括数学、天文、测量，等等。

有一次，利玛窦对徐光启提到了《几何原本》这本书，这是古代希腊数学家欧几里得的著作，对欧洲的数学发展起到了巨大的促进作用。利玛窦还惋惜地说：这样的好书要翻译成中文却很困难。

徐光启听了，对老师说：“既然《几何原本》这样好，如果您愿意帮助，不管有多么困难，我都愿意进行翻译。”

利玛窦愉快地答应了。从此之后，徐光启“下班”之后，就前往利玛窦的住处进行翻译。利玛窦讲述，徐光启笔译，师徒二人进行了一次前所未有的尝试。大家都知道，我国古代对科学并不重视，甚至把一些科技发明称为“奇淫技巧”，在数学领域更是如此，甚至连基本概念都没有。所以，这次翻译也是个“创作”的过程，所有的数学术语的中文译名全部靠徐光启去体悟创造。但让人惊讶的是，徐光启的许多译名十分恰当，比如，我们经常挂在口头的点、面等名词，都是由徐光启定名的。

值得一提的是“几何”二字，在中文里原不是数学专有名词，而是个虚词，意思是“多少”，是徐光启首先把“几何”一词，作为数学的专业名词来使用的，并用它来称呼这门数学分科。

在中国古代，关于图形方面的数学叫作勾股，英文名叫 Geometry，词头“Geo”是形状的意思，“Geo”这个词头用上海方言念，就是“几何”。

历时一年，《几何原本》译出了六卷，刊印发行。这也是我国最早翻译的西方自然科学著作。徐光启抚摸着书，感慨地说：在将来几百年里，这部数学著作一定会成为天下学子必读之书。

除了数学方面，在天文历法方面，徐光启也有很大贡献。比如说望远镜，最早是欧洲人于 1608 年发明的，意大利科学家伽利略得知这个消息后，于次年自制了第一台天文望远镜，用于观察月球。1616 年，望远镜被引入中国，徐光启使用它来观察星空，他也成了中国最早使用望远镜观察天体的科学家。

徐光启另一大贡献就是编译了《崇祯历书》。《崇祯历书》是一部介绍欧洲天文学知识比较全面的著作。

在我国古代，把一昼夜划分成 12 个时辰，而西方则分为 24 小时。在徐光启等人编译的《崇祯历书》中，把12个时辰再一分为二，分成24个小时辰，每个小时辰也就是我们现在说的“小时”，而原来的时辰则被称为“大时”。

此外，在我国古代计时中还有“刻”的概念，一昼夜分为100刻，1刻大概相当于现在的14分24秒。《崇祯历书》直接效法欧洲，取15分钟为1刻，1小时4刻。这一用法一直沿用至今。

在翻译和引进西方科技方面，徐光启起到了巨大的推动作用，而这些科学技术至今还影响着我们的生活。他当初如此用心翻译国外书籍的初衷是什么呢？在1631年编成的《历书总目表》中，徐光启道出了其中原因：“欲求超胜，必须会通；会通之前，先须翻译。”

翻译、会通、超胜，这是徐光启为学习西方科学文化制定的三个步骤。首先要进行翻译，以便做到深入了解，然后再加以消化吸收，做到融会贯通，最后才能形成超越。所以说，徐光启并不是盲目地“崇洋”。

另外，徐光启在翻译西方科学的同时，也帮助利玛窦把儒家经典翻译成拉丁文，传播到欧洲。可以看出，他对中国文化也是充满了自信。

第七章

巾帼红颜

中国历史上的传奇女性

“中华第一女战神”有多厉害

在商朝的历史中，盘庚迁都是一件大事，自此之后，商王朝有了一个稳定的国都，国力也开始强盛起来。而到了武丁在位时，商朝的国力达到鼎盛，史称“武丁中兴”。

武丁是商朝第22任君主，在位长达59年。在位期间任用傅说等贤臣，在国内推行有利于经济发展的措施，对外讨伐那些不听号令的部落，极大地扩大了商朝的版图。《史记》对他的评价是：“武丁修政行德，天下咸驩，殷道复兴。”而在这个过程中，他的妻子妇好起到了巨大的作用。

妇好是武丁的第一位王后，不但见识非凡，而且勇气过人，经常带兵外出打仗。

女子带兵打仗，这听起来似乎好像是传说故事，但是，妇好墓中出土的大量青铜器与甲骨占卜记录，却以铁一般的事实告诉了我们：妇好不仅带兵打过仗，而且打过许多仗；妇好不仅打过很多仗，还打过很多大仗。

考古学家认定，现存殷墟甲骨中记录的商代最大规模战争记录，便是由妇好创造的。甲骨文上刻有："辛巳卜，贞，登妇好三千，登旅万，乎伐羌。"

也就是说，妇好曾经带领一万三千多人出征攻打羌这个部落。即便现在看来，带着万人的队伍去打仗也不简单，更何况那是在几千年前的奴隶制时代。那时候，上千人的战争就是不小的规模了。一万三千多人，那几乎是带去了国家一半的兵力。可见妇好有着过人的军事才能。

最初，武丁对妇好的军事才能并不了解。

有一年，一个部落不断入侵商朝的北方边境，武丁急忙派兵抵御，但是很久都没有将敌人击退。心中着急的武丁想亲自去征讨，但朝廷繁杂的事情实在让他脱不开身。妇好见状，主动请求，让自己率兵前往。

虽然在古代，男尊女卑的思想没有封建社会那么严重，但是让女子领兵打仗，自商朝建立几乎就没有过。武丁听了连连摇头。但是妇好却坚持要前往，武丁想了想，决定用占卜来决定。

在商朝，占卜之风盛行，尤其是在王族，如果遇到犹豫不决之事，就用占卜来决定。在这次的占卜中，显示的结果是大吉。武丁只好同意了，但内心还是十分不安。

这次战斗，妇好也没有辜负武丁的期望，很快就将敌人击退了。从此之后，武丁认可了妻子的军事才能，并且经常和她讨论军事。之后，妇好还经常带兵南征北战，先后打败了周围二十多个小国家，拓展了商王朝的疆土。

妇好是第一个被文献记载的女将军。在妇好的墓中，考古学家出土了很多把青铜钺，也就是大斧子。在当时，钺不仅是一种武器，还是权力的象征，相当于后世的帅印、帅令等。而妇好墓出土的最大的青铜钺有 9 公斤重，即便不拿它来打仗，单是用来发令、指挥，那也需要一定的力气。从这点上来说，妇好确实臂力过人。

另外，在妇好的墓中还出土了一枚玉韘，也就是古人在射箭时戴在手上的扳指，用以辅助张弓射箭。这枚玉韘直径 2.4 厘米，远远超过了一般女子的手指围度，从这一点上来看，妇好的身材应该非常高大，妥妥的一个“女汉子”。

征伐巴方是妇好指挥的最精彩的战斗。这次战斗担任主帅的是武丁。巴方位于商朝的南边，军事实力不如商军，妇好对胜利信心百倍，最担心的就是怕巴军逃脱。

夫妇二人在战前先把地形仔细地查看了一番，然后定下了一个计策：武丁带领精锐部队正面迎敌，妇好提前埋伏在巴军的后方。

战斗打响后，武丁先是发起凌厉的攻击，巴军不敌，节节败退，想撤出战场，但是在武丁的逼迫下，最终还是陷入了武丁军与妇好军的包围中，最终被全部围歼。商朝南部边境也从此安定了。

妇好如此贤能，自然也深受武丁的尊重与喜爱。这从出土的甲骨文卜辞中就能看出。武丁曾多次为妇好占卜，内容包括妇好的骨头、牙齿有疾病吗？妇好要生了，会是个女孩儿吗？妇好出征了，敌人会伤害她吗？在殷墟发现的甲骨卜辞中，关于妇好的内容涉及了一百多条，足见武丁对她的宠爱。

另外，在商王朝时期，人们经常进行隆重的祭祀活动，负责主持祭祀的人一定是该家族、王族中地位十分尊贵的人。妇好就经常主持商王朝的各类祭祀活动，可见其地位的尊贵。

为了感谢妇好的贡献，武丁还将商王朝最富庶的地方之一赐予妇好作为封地。在自己的封地上，妇好可以自由支配所有收入，但是，她并没有因为受到商王的宠爱而因私废公，不想因为自己的身份便乱了规矩，所以她一直按规定按时向朝廷进贡。

但可惜的是，天妒红颜，可能是连年征战早已透支了她的身体，妇好在三十几岁便死了。她死后，她在这个世上存在的印记也逐渐被时光抹平，直到殷墟妇好墓的发掘，这位女战神的名字和故事才被人们发现。

两国灭亡，一国内乱，她有多漂亮

因为争夺漂亮女子而引发的战争古今中外有很多，但是因为一个漂亮的女人，引发了三个国家的战争，导致两个国家灭亡、一个国家内乱动荡，这样的事件却绝无仅有。

这个故事的主人公就是息夫人，曾被后人列为春秋四大美女之一。她本是陈国国君的女儿，姓妫，因为嫁给了息侯，冠以了夫姓，所以后世习惯称她为“息夫人”。

息夫人还有个姐姐，嫁给了蔡国的国君蔡侯。

相传，息夫人出生的时候，陈国出现一场奇观——境内的桃林竞相开放。而伴随异象出生的息夫人更是拥有桃花般的美貌，因此，后世之人也习惯称她为“桃花夫人”。

陈国国君非常喜欢这个小女儿，一心想为她选个如意郎君，最终他把目光锁定在息国年轻有为的国君息侯身上。息夫人与息侯年龄相仿，可谓郎才女貌，成亲后，两个人相互爱慕，婚姻也算幸福美满。

有一次，息夫人回娘家省亲，因为陈国和息国并不接壤，必须从蔡国过境，顺便探望姐姐。

不承想，在蔡国的宫中，息夫人姐姐的老公蔡侯却垂涎于息夫人的美色，几杯酒下肚就开始动手动脚，调戏起息夫人来。息夫人顿时变了脸色，急忙叫来随从，连夜驱车直奔息国。

一回到息国，息夫人便痛哭不已，把自己在蔡国受到的羞辱一五一十地告诉了丈夫。息侯没想到，一场省亲之旅竟然让自己的妻子受到奇耻大辱，恼羞成怒的他在心中暗暗发誓，一定要让蔡侯为自己的行为付出代价。

气愤归气愤，但息侯明白，息国是个小国，根本打不过蔡国，于是就给楚文王写信，请求楚国替他出气。

当时的春秋时期，各诸侯国林立，吞并战争时有发生，不过并不像战国时期那样明目张胆，在战争之前，总要想出掩人耳目的“借口”。

楚文王看到来信，心中暗自高兴，因为他早就有吞并蔡国之心。不过，他还假仁假义地说：“总得有个借口吧。”

息侯说：“你假装攻打我，我假装向蔡国求救，蔡侯发兵，你就可以揍他了！”

楚文王于是依计而行，果然不费吹灰之力就抓来了蔡侯。这时候蔡侯才明白上了息侯的当，心里愤恨不已。

虽然发兵吞并了别人的国家，但为了彰显自己的仁义，楚文王对待蔡侯也十分优待。有一次楚文王专门为蔡侯举行了宴会。在席间，蔡侯不动声色地大赞息夫人的美丽。

一句话勾起了楚文王的好奇心，这个“色魔”立即动身，前往息国。息侯匆匆忙忙地准备酒席招待。楚文王心不在焉地吃了两口，然后就直接点名让息夫人出来敬酒。

息侯听完，一百个不愿意，但是楚国强大，自己能怎么办呢？无奈，他只好唤出息夫人。息夫人知道楚王肯定没安好心，出来后，也不做魅人的姿态，端庄持重，她倒了杯酒，没有亲自敬楚文王，而是让宫女转接。

亲眼见到息夫人后，楚文王差点惊叫起来，甚至连酒杯都捏不住了。回去之后，更是寝食不安，最后，他也顾不上礼义廉耻了，更不管别的国家会怎么看待自己，直接出兵把息国给灭亡了，将息侯关押起来，把息夫人抢进自己的后宫，做了自己的妃子。

不过，事情还没有结束。

息夫人嫁给楚文王后，生了两个孩子，一个叫堵敖，一个叫熊恽，堵敖后来还当上了楚王，是为楚成王。不过，经历了亡国之痛的息夫人始终忘不了息侯，每天总是冷若冰霜，有一次楚文王忍不住发问：“我对你这么好，你为何还是如此？”

息夫人痛心地说：“吾一妇人而事二夫，纵弗能死，其又奚言？”

后来，楚文王死了，楚成王继承了王位。楚文王有个弟弟名叫子元，他和他哥哥楚文王一样好色。他早就垂涎于息夫人的美色了，见哥哥已死，就在皇宫旁边建起豪华的馆舍，总是放些淫词艳曲，想借机勾引守寡的息夫人。

子元没想到，自己的行为遭到息夫人一顿呵斥："先王在世时总是操练兵马，而他去世了，你不想着扩大楚国疆域，反而在我这个未亡人面前寻欢作乐，这不是很奇怪吗？"

子元闹出这么一场笑话后，本该收敛，不想他反而恼羞成怒，索性住进了王宫。当时楚成王年幼，子元大权在握，干了许多坏事，楚国国内变得混乱不堪，最后终因不得人心而被大臣杀死，持续八年的子元之乱才被平息。

两国灭亡，一国内乱，似乎都是由息夫人的美貌所引起，但息夫人真的有罪吗？

三择邻，断机杼，孟母的教育有多牛

纵观历史，我们会发现，在许多英雄豪杰、贤者名士身后，都有一位贤良的母亲。她们教子有方，奠定了孩子后来的成就。孟子的母亲就是这样一个人，如果你深入地了解她，就会发现她的教育真的很厉害。

孟子这个人大家都很熟悉，他是我国古代儒家思想的代表人物之一，在地位上仅次于孔子，被称为"亚圣"。孟子的母亲据说姓仉，在孟子很小的时候，她丈夫就去世了。那时候孟母还很年轻，但是也没有再嫁他人，而是把精力全放在了教育孩子上，希望自己的儿子能早日成才。平时只靠给人家织布洗衣为生，生活也非常艰苦。

孟母虽然读书不多，但深知环境对孩子的影响。为了让孟子有一个良好的成长环境，孟母曾三迁住处。

最初，因为孟子和邻居小朋友打架，孟母便搬到了比较偏僻的地方，这里离坟地很近，年幼的孟子常常跟小朋友玩埋人的游戏。于是孟母把住处迁至闹市之处，但孟子又玩起了做买卖的游戏。

后来，孟母第三次搬家，搬到了学堂附近，孟子于是开始学起了礼仪，孟母很高兴，决定定居于此，这就是孟母三迁的故事，也被后人称为“大迁之教”。

除了选择教育环境，孟母的教育方式非常值得人们称道。一般来说，玩儿是孩子们的天性，因为玩儿而耽误学业的现象比比皆是。但是如何教育呢？哪怕现在的许多父母，都采用了“吼”的方式，想以自身的气势压住孩子，逼迫他们学习。

实际上呢，孩子可能因为畏惧父母的威严而学习，但心理上还是不服气的，还是没有自觉性，这样的学习效果肯定也会大打折扣。

现代人的教育方式如此，更别提古人了，棍棒教育最为常见。但是孟母却有一番独特的教育方法。

像许多小孩子一样，孟子有一次也因为逃学回来晚了，当天的学习任务也没完成。孟母发现了，也没像怨妇一样责骂他，更没有诉苦，说些“你父亲死得早，就我一个人含辛茹苦……”之类的话，而是一边继续织布，一边把孟子叫到身边。

孟子心中害怕，心想免不了一顿责骂，没想到母亲却突然拿起剪刀，把正在织的布一下子剪断了。

孟子正在纳闷儿，孟母于是对他说：“你因为贪玩而逃学，耽误了学习，就像这块剪断了的布一样，再也连接不上了。学习也是这样，如果中途断了，前面的学习就白费了，更不要说以后成才了。”

这件事给孟子留下了深刻的印象，也让他内心受到了真正的震动。从此之后，他不再逃学，而是更专注、坚持学习了。由于他天资聪明，后来又跟随孔子的孙子子思学习，终于成了儒家学说的一代宗师。

看，不打不骂就产生了良好的效果，不得不说孟母的教育方式高明。

孟母教子的故事出自汉朝学者刘向所写的《列女传》，这本书一共记载了孟母四个教子的故事，“择邻处、断机杼”只是孟母对少年时代孟子的教育，实际上，孟母对儿子的教育是持续的，不光只看重学业，也非常在意品德的培养。

那时候，孟子已经成年了，而且娶了妻子。有一次，孟子外出归来，推开卧室的门，正好看见妻子光着身子待在屋中。孟子此时正在学习儒家思想，儒家讲究“礼”，讲究男女有别，讲究三纲五常。孟子一看就气坏了，在儒家思想中，这是不符合“礼”的，于是就把妻子责骂了一顿。

但妻子田氏很不服气，认为这是在自己的家中，又不是在大庭广众之下，难道连自己都没有一点儿私人空间吗？

两个人都不服气，便打起了冷战。总这样下去可不行，孟母过来调节了。对儿媳，她一个字都没有批评、指责，反而把儿子狠狠地“削”了一顿：卧室本来就是私密场所，你自己招呼都不打悄悄地进门，还怪别人没穿衣服，实际上没礼貌的是你，你媳妇没有错。

孟子完全没想到母亲会偏向自己的妻子，而且句句在理，于是怒气不仅消了，而且还向妻子道歉。于是小两口和好如初。

孟子学业有成后，人已经到了中年，他非常渴望像孔子那样周游列国，让自己的学问发挥作用。但是在当时的观念还流传着“父母在，不远游”的思想。孟子的内心非常矛盾，有时候也不禁长吁短叹。

孟母此时已经年龄很大了，但她非常开明，也很了解儿子的心思。有一天，她把孟子叫来，说：“今子成人也，而我老矣！子行乎子义，吾行乎吾礼。子何忧乎？”

用现在的话来说就是：雄鹰长大了是要飞的，不能留恋窠臼的温暖。你现在已经成人了，而我已经老了！你应该去实现你的道义和抱负，这是你的责任。你去实现你的理想吧，不要太受传统观念的束缚，我则在家中施行我的妇道，恪守自己的礼义，你还忧虑什么呢？

自古以来，人们在谈及“贤良之母”时，孟母总是高居第一，就凭这几件事，可以说当之无愧。

丑娘娘也有春天

提到丑娘娘，大家恐怕第一个想到的就是贾南风，也就是晋朝那个“何不食肉糜”的傻皇帝司马衷的皇后。贾南风不仅相貌丑陋，而且心性狠毒，把国家搞得乌烟瘴气，让人痛恨。

实际上，在贾南风之前，还有一位“丑娘娘”，虽然相貌也不好，但无论是品性还是才能可都要高出贾南风很多。

这个人就是春秋时期齐宣王的皇后钟无艳。

钟无艳并非她的本名，她本叫钟离春，出生在齐国无盐邑，也就是现在山东东平，后人就叫她钟无盐，再后来又演变成钟无艳。

钟无艳相貌有多丑陋呢？来看一段《列女传》中的描述：“臼头深目，长壮大节，卬鼻结喉，肥项少发，折腰出匈（通“胸”），皮肤若漆。”

翻译过来就是，钟无艳的额头中间下陷，就是我们常说的寿星头，眼睛凹陷，身材五大三粗的，鼻孔向上，喉结突出，脖子很粗，头发稀稀拉拉的，弯腰驼背，而且皮肤很黑。

如果这段文字汇成一个字，就是“丑”，两个字就是“很丑”，三个字就是“非常丑”。

想象一下，这些元素哪怕只有一两项出现，都会招来女孩子的烦恼，而钟无艳却集这些要素于一身，别说男人，就连小孩子见了恐怕都要害怕吧。按照常理，这样的女子也许只有一种人喜欢，就是相貌平庸的女人，因为她们能从钟无艳这里找到自信。

一般来说，在古代那个看脸的社会，钟无艳应该极其自卑才是，但是钟无艳不仅没有消极下去，反而自信满满，志向远大——要嫁给国君。

有人问了，凭什么呀？钟无艳回答——才能。但是，在古代那个看脸的社会，才能都不能当饭吃，更别说去治国安邦了，所以钟无艳一直到四十多岁了还没有嫁出去，更别提治理国家了。

当时齐国在位的国君是齐宣王。乍一听这名字，你肯定很陌生，但实际上好多耳熟能详的故事都和他有关。比如，这个齐宣王喜欢听竽，还专门组建了百人的吹竽乐队，集体吹奏给他听，结果有个叫南郭先生的人，他不会吹竽，却能混在里面而不被发现。没错，就是“滥竽充数”故事中的齐宣王。

由于齐宣王耽于享乐，身边云集着一群阿谀奉承之徒，导致国事荒废。齐宣王的败政，让国民怨声载道。钟离春按捺不住了，就打算去劝谏一番，结果招来他人的一阵嘲笑。

原来在此之前，大哲学家孟子也曾多次劝说过这位君王。当时，这位辩论大师口若悬河说了一大通，直说得齐宣王心服口服。最后，为了打发孟子离开，齐宣王竟说起了家长里短，根本不把孟子说的话当回事。这就是“王顾左右而言他”典故的来历。

连孟子都说不动的齐宣王，就凭你钟无艳能说动，不把君王吓死就不错了。不过，钟无艳没有灰心，反而意志更加坚定了。

这一天，她来到都城，正好遇到齐宣王出去打猎。她不想错过这个机会，一下子拦在齐宣王的车马前，大喊：“危险哪！危险！”

齐宣王从没想到有人会拦住自己的道路，而且是一个如此丑陋的女子，这反倒激起了他的好奇之心，便问：“寡人哪里危险了？”

钟无艳直言说道：“赵国觊觎齐国的土地已久，就要攻打齐国了，但大王却成天被一群阿谀奉承之徒包围着。征重税，加徭役，建造奢华的宫殿，结果害得百姓苦不堪言。民心不附，大王如何迎战赵国呢？”

人常言“一物降一物”，真是一点儿不假，别人的话齐宣王听不进去，他却对钟无艳的这段话极为赞同，深受感动。所以，齐宣王不仅没有治钟无艳的罪，而且痛改前非，决定迎娶她为王后，还让太子，就是后来的齐滑王拜钟无艳为母亲。

后来，在钟无艳的协助下，齐宣王果然改掉了以前的坏毛病，不再沉迷酒色了，也不再整天游猎了，而是兴建学校、苦练军队、招贤纳士。很快，齐国就强大起来了，呈现出繁荣的盛景。

当然，这一切都离不开钟无艳的付出。可以说，钟无艳对齐国的影响非常深远。别的不说，在她的影响下，齐滑王后来娶了脖子上长着大肉瘤的采桑女——宿瘤女为妻子，并立为王后，就是明证。

推动汉代刑法改革的小女孩儿

在我国古代，统治者为了维护自己的利益，制定了大量的刑法来处置对自己、对国家构成威胁的人。除了死刑，能让人彻底消失以外，还有许多残酷的刑罚，比如说肉刑。

所谓肉刑，顾名思义，也就是以摧残罪犯的肉体达到惩戒目的的刑罚。

据记载，肉刑起源于夏朝时期，商周时期正式形成制度，秦朝和汉朝建立后，该刑罚得到了沿用，但有所改变，主要包括黥（在脸上刺字）、髡（剃掉头发或胡须）、劓（削去鼻子）、斩左止（砍断左脚）、斩右止（砍断右脚）这几种肉刑。

古人讲究“身体发肤，受之父母，不敢毁伤”，如果一个人被施以肉刑，不仅在肉体上忍受痛苦，还要遭受精神上的折磨。

但是到了汉文帝时期，这位皇帝却突然下旨废除肉刑，一时引起了百姓的关注。人们称赞汉文帝的同时，也心生疑问，是谁推动了这次“刑法改革”。

事情是由当时一位著名医学家引起的。他叫淳于意，现在的山东人，曾主管过当地的粮库。后来他辞去官职，一心钻研医术，并常年行医民间。

淳于意医术非常高明，“名闻远近，病家多来求医，门庭若市”。济南王、赵王、吴王等王侯听说了，都想高薪聘请他做私家医生，但是淳于意对权贵不感兴趣，一一拒绝了，这引起了那些王爷对淳于意的不满。

有时候名气大了也是麻烦。淳于意高明的医术引来了许多求医者，但是淳于意经常去外地行医而不常在家中，所以，有些患者得不到医治，便对淳于意感到非常失望。

有一次，有患者来投医，淳于意凭经验断定，这个人已经无药可医了，于是就放弃了治疗。没多久，病人就死了。

这下子那些对淳于意充满恨意的王侯可抓住了把柄，纷纷上书，捏造罪名，说淳于意四处游山玩水而不给人看病、视人的生命如草芥，等等。

由于这些王侯的背景非常强大，官府于是判处淳于意“肉刑”，因为他做过官，按照当时的法律，要押到长安去受审、执行。

真是祸从天降，当差人将淳于意押走时，他的五个女儿跟在后面哭泣。淳于意生气了，骂骂咧咧地说：“唉！没有儿子，到了紧要关头，无人可用啊！”

淳于意最小的女儿淳于缇萦听了这话，心中十分伤心，暗下决心舍身救父。

说起来简单，但实际做起来却艰难无比。从山东到陕西，那时候没有火车，只能靠步行，光想想就让人萌生退意。更何况淳于缇萦还是个女孩子。但为了救父亲，淳于缇萦说走就走。

历尽千辛万苦，淳于缇萦终于到了长安。淳于意被押入狱中，等待处罚。淳于缇萦更着急了，想去看看父亲，商量个办法，但是狱卒不允许；去面见皇帝求情，又谈何容易。想来想去，淳于缇萦决定以文代言，上书汉文帝。

淳于缇萦上书的内容大致分两层：

第一层，说明肉刑的残酷性：死者不可复生而兴者不可复续，虽欲改过自新，其道莫由，终不可得。

大致的意思是说，人死了不能复生，被处肉刑的人肢体不能再恢复，变成了残废，即使罪人以后想改过自新也不可能了。

第二层，表明自己愿意替父亲赎罪：妾愿入身为宫婢，以赎父刑罪，使得改过自新也。

幸运的是，淳于缇萦的上书还真被汉文帝看见了。在汉朝所有的皇帝中，汉文帝是非常开明而又仁慈的一个，看了淳于缇萦的上书，心中很受感动，于是决定进行刑法改革，提出“其除肉刑，有以易之”，就是废除肉刑，改用其他刑罚。

过了一段时间，经过大臣们商议，新的刑法出炉了，肉刑果然没了，被其他的刑罚所代替，比如，髡刑和黥刑改为城旦舂（男犯人去建筑工地搬砖，女的去舂米），劓刑改为笞三百（用竹板打三百下），斩左止（趾）改为笞五百（用竹板打五百下），而斩右止（趾）的改为弃市（即死刑，杀头，消灭肉体）。

淳于缇萦的上书，不仅救了父亲，也让很多人免受肉刑的惩罚，同时也推动了汉代的刑法改革，这是一件了不起的事情。后来的大史学家班固还写了一首诗《咏史》专门称赞淳于缇萦：

> 三王德弥薄，惟后用肉刑。太苍令有罪，就递长安城。
> 自恨身无子，困急独茕茕。小女痛父言，死者不可生。
> 上书诣阙下，思古歌鸡鸣。忧心摧折裂，晨风扬激声。
> 圣汉孝文帝，恻然感至情。百男何愦愦，不如一缇萦。

谁是汉武帝上位的推手

都说每个成功的男人背后都站着一个伟大的女人，但是对汉武帝来说，谁是站在他背后的女人？又是谁助他上位成了皇帝？要知道在小时候，汉武帝刘彻在汉景帝的孩子中，并不优秀，那么是谁将他从泯泯众人中提拔出来的呢？

实际上，这个女人大家并不太熟悉，她叫刘嫖。

刘嫖是谁？初听这个名字也许会感到陌生，但是，提到陈阿娇你一定知道。没错，刘嫖就是陈阿娇的母亲，汉景帝刘启的姐姐，汉武帝刘彻的姑母和岳母。

刘嫖处世圆滑，说话头头是道，不仅深得母亲窦太后的欢心，和自己的弟弟汉景帝关系也很好，所以她也享受着无与伦比的地位和财富。

不过，刘嫖也清楚，眼前这一切都是母亲和弟弟给的，如果母亲和弟弟都不在了，如何才能保住家族的权势与财富呢？想来想去，她打算做一个长远的投资，而资本就是自己的女儿陈阿娇。

那么谁是投资对象呢？当然是未来的皇帝。到时候，新君即位，自己的女儿是皇后，自己的荣华富贵和权势自然会得到延续，甚至比现在还要高。

当时，汉景帝已经立了太子，就是栗姬的孩子，名叫刘荣。于是，刘嫖就主动找到栗姬，提出把女儿嫁给刘荣的事情。

栗姬一听，哼了一声，很不愿意。为啥呢？原来在这之前，刘嫖为了和弟弟汉景帝拉关系，经常向皇帝进献美女，这让栗姬很是“吃醋”。另外，栗姬现在可是汉景帝眼前的大红人，她觉得自己是天下最高贵的女人，因此也从来没有把这位大姑姐放入眼中。

刘嫖见栗姬没回答，就又问了一次，结果被栗姬果断地拒绝了。不过，这位栗姬却忽视了这位大姑姐的能力，她也注定要为自己这次轻率的举动付出代价。

刘嫖很生气，也无可奈何，不过她依然没有忘记自己的投资计划，经常在皇宫里寻找自己的目标。

一次，刘嫖从弟弟那里出来，正看见自己的女儿陈阿娇和胶东王刘彘在宫中的院内玩耍。刘彘是汉景帝和妃子王娡所生的孩子，年龄比陈阿娇小两三岁。看着小孩子其乐融融的样子，突然一股浓郁的亲情和权力欲同时涌上心头。

刘嫖拉过刘彘，半开玩笑地问："阿娇做你的老婆好不好啊？"

刘彘听完，立即回答说："如果我娶到阿娇，一定会用黄金修个大屋子把她藏在里面。"

这就是成语"金屋藏娇"的故事。这段故事并不见于《史记》《汉书》等正史，而是见于《汉武故事》这本书，相传作者是史学家班固。

当时，刘彘的母亲王娡也在场，她也是个心机女，她可不像栗姬那样"不识抬举"，于是，这两个女人一拍即合，定下了这场婚事。同时，还定下了刘嫖的次子陈蟜和王夫人的小女儿隆虑公主的联姻。

从此之后，刘嫖和王娡这两个女人对汉景帝发起了进攻：刘嫖一方面贬斥栗姬，一方面称赞王娡及她的儿子；当栗姬仗着汉景帝的宠爱刁蛮任性的时候，王娡就添油加醋，暗中派人催促大臣奏请立栗姬为皇后，使得汉景帝勃然大怒。

最后，刘荣的太子之位被废了，栗姬也完全失宠，而王娡最终当上了皇后，儿子刘彘则被立为太子，并改名刘彻。

公元前 140 年，汉景帝死了，刘彻即位，也就是汉武帝。陈阿娇以太子妃身份被立为皇后。刘嫖被封为大长公主，声名显赫，地位尊贵，更加权势熏天了。

想当初，金屋藏娇或许只是侄儿的戏言，而刘嫖有心，通过精心策划和细心运作，让自己的投资得到了丰厚回报。

完成投资后，刘嫖并没有不管不顾，因为“投资有风险”。刘彻刚当上皇帝的时候，大权还掌握在汉景帝和刘嫖的母亲、刘彻的奶奶窦太后的手中。年轻气盛的刘彻想进行改革，结果惹恼了窦太后。窦太后甚至想废掉刘彻，另立皇子，好在刘嫖仗着和母亲关系好，几次劝说，才打消了窦太后废帝的想法。

对刘彻来说，刘嫖不仅扶他上马，还送了一程。当然，刘嫖的这些投资都没有浪费。后来，当陈阿娇因为施行巫术，犯了众怒，汉武帝看在丈母娘的面子上，只是废掉了陈阿娇的皇后之位，并没有加以刑罚。

再后来，刘嫖的丈夫死了，她耐不住寂寞，就找了一个年轻美貌的男子董偃来陪伴自己。对于皇室来说，这是一件极为不光彩的事情，被朝臣们指指点点。汉武帝知道后，依然没有治姑母的罪，对她依然十分优待。

从这个角度说，刘嫖还真是个投资高手。

被“门当户对”毁掉的才女

在婚姻问题上，人们总喜欢讲门当户对，主要一点就是，男女双方的家庭出身、背景等都要差不多，这样的婚姻才幸福。但果真如此吗？

在东晋时期，有两大重要的家族，一个是王家，一个是谢家，王家当时著名的人物有王导、王敦、王羲之、王献之等，谢家当时著名的人物有谢安、谢玄、谢灵运等。

在东晋王朝存在的一百多年里，王谢两个家族以及他们的亲朋好友和门生，在朝中做官的人数占到官员总数的70%，即使作为万人之上的皇帝，在许多事情的决策上，都需要征询两大家族的意见。

为了维护家族的利益，两大家族也经常通婚。这一天，这两个家族又迎来了一对新人。男方是王家子弟，名叫王凝之，女方是谢家才女，名叫谢道韫。她的父亲名叫谢奕，伯父就是大名鼎鼎的谢安。

王凝之你可能不知道，但他的父亲和哥哥可都是大名鼎鼎，父亲就是著名的大书法家王羲之，哥哥也是大书法家，名叫王献之。

相比王凝之来说，在历史上，谢道韫的名气更大一些，被称为“咏絮才”。

在谢道韫还是孩子的时候，有一年冬天，谢安把谢家的晚辈们叫到一起，谈诗论文。这时候，天空忽然下起了大雪。谢安的雅兴一下子就来了，随口说了一句：“白雪纷纷何所似？”

然后，谢安就问孩子们，谁能接上下一句。这时候，他已故二哥的儿子谢朗（小名胡儿）想了想，说“撒盐空中差可拟。”

谢安点了点头，但好像不是太满意的样子。这时候，他大哥的女儿谢道韫接了一句："未若柳絮因风起。"

谢安听完，高兴得大笑起来。

谢道韫不但擅长诗歌，还非常擅长东晋时流行的清谈。当然，不同于一般人空泛的言辞，谢道韫在清谈时总能引经据典，而且见地深刻。

结婚后，王谢两家虽然门当户对，但是谢道韫过得并不幸福。每次她回娘家的时候，总是闷闷不乐的样子。细心的谢安发现了，就问她发生了什么事情，谢道韫回答道："不意天壤之中乃有王郎。"

啥意思呢？就是说，没想到天下还有王凝之这样的奇葩。

不得不说，相比谢道韫，王凝之就逊色了许多，虽然他也从小和父亲学习书法，但是水平根本就不在一个档次。

而且，王凝之还非常迷信，整天拜神、占卜，这让谢道韫非常反感。

后来，因为王家和谢家的关系，王凝之被派往会稽担任内史，也就是会稽这个地方的最高长官。当时，东晋王朝已经衰败不堪了，摇摇欲坠，不光有北方国家的压制，内部还频频爆发起义。其中，最著名的就是孙恩、卢循起义。

当时，起义军的队伍迅速扩大，势力范围也越来越大，这一天，孙恩带领士兵来到会稽境内，准备攻打会稽城。

孙恩起义刚爆发的时候，谢道韫就预感到情况的严重，于是就劝王凝之，让他多准备兵器，操练军士，以备不测。但是王凝之却当成耳旁风，每天依旧我行我素，求神问卜。

谢道韫实在看不下去了，就亲自下场，她把家丁组织起来进行操练。

后来，孙恩带领起义军杀到了会稽境内，作为地方长官，王凝之应当带兵迎战才对，但是他却非常佛系，当了"不抵抗将军"，任起义军横冲直撞。

很快，起义军杀到了会稽城下。谢道韫再次劝说，让王凝之组织抵抗。而王凝之想了想，又跑到屋子里算了一卦，出来后对妻子和部下说："我已请下了鬼兵，让他们守住各个要道，贼兵是杀不进城的。”

这样的做法结果可想而知，很快，会稽城就被攻破了，王凝之也不佛系了，带了几个人就想逃跑，结果被义军捉住杀死。和王凝之一起被杀死的，还有他的几个儿子。

随后，一群起义士兵冲进了王凝之的家中，谢道韫见状，抽出宝剑，当场砍死了几名起义士兵。但无奈寡不敌众，最后被俘虏了。

这时候，起义军首领孙恩也到了，士兵们刚要杀死王凝之的外孙，谢道韫在一旁大声斥责道：“事在王门，何关他族！必其如此，宁先见杀。”

孙恩以前就听说过谢道韫，知道她是著名的才女，见她在生死面前大义凛然，心中又钦佩又敬仰，他下令让手下把孩子和谢道韫都释放了，并将她们护送到了安全的地方。

后来，孙恩起义失败了，谢道韫又重归故里，一直寡居在会稽，直到死去。

谢道韫就是这样一个能文能武、有勇有谋的奇女子，其名声、能力更超越了丈夫很多，但她的一生很难说幸福，如果不被当时“门当户对”的观念所局限，她可能会有一个更加精彩的人生。

冒充亲妈，为啥没被秋后算账

北宋时期，曾经出现过这样一位奇女子。

她曾流浪街头，却一步步逆袭成皇帝最爱的女人；她以微贱的出身，冲破阻挠成为万人瞩目的皇后；她垂帘听政，未曾称帝却权比武则天；她将大宋朝逐渐推向繁荣的顶峰，“内外肃然，纪纲具举，天下晏然”；她还是慈禧太后狂热崇拜的“偶像”；后人评价她“有吕武之才，而无吕武之恶”。

这段话，你以为是一段溢美的“获奖宣言”，不，这是一段真实的历史评价。而这个女人就是北宋第三任皇帝宋真宗的皇后——刘娥。

当然，这个刘娥也是“狸猫换太子”这个家喻户晓故事中的主人公。在这个故事中，刘娥扮演了一个极不光彩的角色。当时宋真宗没有儿子，看到刘娥和另一个妃子李氏同时怀孕后，就宣称，谁先生下男孩就立她为皇后，孩子则为太子。

为了争当正宫娘娘，刘娥就将李氏所生的儿子换成了一只剥了皮的狸猫，污蔑她生下了妖孽。真宗大怒，将李妃打入冷宫，而将刘娥立为皇后。但人算不如天算，刘娥所生的儿子夭折，而李妃所生男婴在经过波折后被立为太子，并登上皇位，这就是仁宗。

再后来，在包拯的帮助下，仁宗与已经双目失明的李妃母子相认，而已升为皇太后的刘娥则畏罪自缢而死。

尽管这个故事是虚构的，但也并非没有事实基础，李氏妃子也真实存在，也确实是宋仁宗的母亲，只是其中的原委远没有故事那样传奇罢了。

刘娥的祖籍在四川，本来家境很好，但父亲死后家道便衰落了。为了生活，刘娥在12岁的时候就嫁给了一个叫龚美的银匠，尝尽了人世间的酸甜苦辣，也练就了圆熟的人情世故。

后来，龚美离开四川来到了首都开封，成了“京漂”。但开封的生活也不如意，龚美还动了坏心思，把刘娥卖了换了一壶老酒。那时候，刘娥才15岁。

后来几经转卖，刘娥被卖到了韩王府。这个王府的主人名叫赵恒，也就是后来的宋真宗，当时年仅14岁。赵恒一见刘娥，立即喜欢上了她，整日形影不离。

赵恒有多喜欢刘娥呢？只通过一件事情就知道了。有一次，宋太宗赵光义把赵恒叫到宫中，想共叙父子之情。但赵恒一见儿子，顿时惊呆了，只见赵恒身体消瘦，面容憔悴，双目无光。他心中疑惑不解，上次见面还生龙活虎、满面春光，怎么没隔多久就变成这个样子了。

宋太宗又心疼又着急，急忙询问原因，但赵恒满脸通红，说不出一个字来。于是赵光义又叫来王府的乳娘询问，得到的回答竟是——还不是因为那个狐狸精。

狐狸精是谁啊？当然是指刘娥。赵光义大怒，立即让人把刘娥赶走了。赵恒怎么舍得呢？他就让人把刘娥偷偷养在一个亲信的家中，直到当上皇帝后，才光明正大地将刘娥接到宫中，立为妃子。

当时，刘娥有一个姓李的侍女。这个李氏长得虽然不是花容月貌，但性情端庄，结果也被宋真宗看上了。深懂男人心的刘娥就顺水推舟，将其送给了宋真宗。不久，李氏生下了一名男婴。

中年得子的宋真宗喜出望外。但这个男婴还未来得及睁开眼睛看一看自己亲生母亲的容颜，便在父亲的默许下，被一直没有生育的刘娥当作儿子，与杨淑妃一起抚养长大。这个孩子名叫赵祯。

1022 年，宋真宗病危，立下遗嘱让赵祯继位，同时要“皇太后权同处分军国事”，也就是让刘娥垂帘听政、裁决军国大事。

可怜的赵祯，即使当了皇帝也不知道自己的身世，一直以为刘太后是自己的生身母亲。几年后，李氏死了，刘娥想了想，决定以一般宫人礼仪举办丧事，但遭到了宰相吕夷简的强烈反对。

刘娥很生气，指着吕夷简骂道：“一个宫人死了，你就提出厚葬，难道是想离间我们母子吗？”

吕夷简却不慌不忙，说："如果你还顾及你们刘家后人的话，丧礼就应该从厚。"

刘娥多聪明啊，一下子就明白了吕夷简的意思：皇上日后一旦得知身世，看到生母生前死后都没有得到应有的待遇，一定会怨恨自己，也会迁怒于刘氏后人！

想到这里，刘娥马上命令以皇太后之礼安葬了李氏。

1033 年，刘娥死了，赵祯开始亲政。没多久，他便得知了自己的身世。那时候，赵祯真如同五雷轰顶一般，好半天才缓过神来。这时候，又有流言说李妃是被刘娥害死的，赵祯一面亲自赶赴安放李妃灵柩的洪福院查看，一面派兵包围了刘娥家人的住宅，以便查清真相后作出处理。

当棺木打开时，赵祯看见母亲安详地躺在棺木中，因为尸体用水银浸泡，所以容貌未改，再看服饰，均为太后级别。这下子他明白了，刘太后并没有谋害自己的母亲。于是他就下令撤去了包围刘宅的兵士，并在刘娥的遗像前焚香说："自今大娘娘（刘太后）平生分明矣。"

后来，刘娥被宋仁宗追谥为庄献明肃皇太后，和李氏一起被供奉在奉慈庙中。

喝最烈的酒，写最艳的词

在我国诗词史上，有一类词人被称为婉约派，这一派的作品，语言圆润，清新绮丽，给人一种柔婉之美。这派词人以李清照为代表。虽然说词的风格和人的性情相关，但是，如果你认为李清照是个娇滴滴、愁肠满肚的柔弱女子那就大错特错啦！虽然身为女子，但是李清照却天生豪放不羁爱自由，她敢喝最烈的酒，也敢写最艳的词。

李清照这种男子般的性格，与其生长环境是密切相关的。

李清照出身于书香门第，父亲李格非是进士出身，曾拜在苏东坡门下，很有才华；母亲是宰相王珪的女儿，名门之后，文学修养也很高，可以说，李清照本身就带有强大的文学基因。

李清照生在这样既显贵又有文化的家庭，自然是满满的幸福。而且与其他人家培养女孩子的方式不同，李清照的父母非常开明，没有让李清照学习女红，而是采用了放养的方式。

少年时期，李清照经常和小伙伴一起春游、斗草、荡秋千……怎么尽兴怎么玩儿。到了青年时期，李清照的兴趣爱好更多了，甚至还沾染上了“恶习”。

比如有段时间，李清照喜欢上了“打马”。所谓“打马”，就是一种赌博，李清照不仅喜欢，而且还可以称为专家，她专门写了一篇题为《打马图序》的文章，里面介绍了二十多种游戏方式。

另外，李清照还喜欢上了喝酒，经常喝得酩酊大醉，这也有词为证：

常记溪亭日暮，沉醉不知归路。兴尽晚回舟，误入藕花深处。争渡，争渡，惊起一滩鸥鹭。

而且从那以后，酒就成了她一生的爱好。结婚前，她是这样喝酒的：

莫许杯深琥珀浓，未成沉醉意先融。疏钟已应晚来风。

瑞脑香消魂梦断，辟寒金小髻鬟松。醒时空对烛花红。

嫁人后她又是这样喝的：

雪里已知春信至，寒梅点缀琼枝腻，香脸半开娇旖旎，当庭际，玉人浴出新妆洗。

造化可能偏有意，故教明月玲珑地。共赏金尊沉绿蚁，莫辞醉，此花不与群花比。

晚年的时候，她还是酒不离口：

天与秋光，转转情伤，探金英知近重阳。薄衣初试，绿蚁新尝，渐一番风，一番雨，一番凉。

黄昏院落，凄凄惶惶，酒醒时往事愁肠。那堪永夜，明月空床。闻砧声捣，蛩声细，漏声长。

对于这样的一个“女酒鬼”，恐怕很少有人愿意娶回家当老婆。可李清照偏偏就遇上了这样一个傻小子。这个人不仅和李清照门当户对，而且他们还有着共同的爱好——喜爱诗文和金石字画，真可谓同道中人。他就是赵明诚。赵明诚的父亲赵挺之任吏部侍郎，李清照的父亲李格非是礼部员外郎。赵明诚本人是太学生，太学是培养未来官员的学堂，可以不经科考直接进入仕途，这是一桩门当户对的婚姻。

不过，赵明诚有个缺点，就是个“傻憨憨”，根本不解风情。按照封建社会的传统观念，作为妻子保守，以尽“妇道”，否则的话，就会被冠以“轻浮”之名。但李清照却丝毫不受这些思想的束缚，但也不是“明目张胆”地宣告，而是写下了最艳丽的词来撩拨她心爱的男人——别忘了身边的佳人哦。

刚结婚不久，李清照就写了一首词给赵明诚：

卖花担上。买得一枝春欲放。泪染轻匀。犹带彤霞晓露痕。

怕郎猜道。奴面不如花面好。云鬓斜簪。徒要教郎比并看。

啥意思？只能意会不能言传，稍微透露一些的话，就是李清照在问赵明诚：我和花谁好看啊？

正所谓聪明的女人会撩人。两个人生活长了，新鲜感过了，感情就会淡下来。但是李清照却将夫妻的感情维系得很好。在一个夏天的晚上，李清照又给赵明诚写了一首词：

晚来一阵风兼雨，洗尽炎光。理罢笙簧，却对菱花淡淡妆。

绛绡缕薄冰肌莹，雪腻酥香。笑语檀郎：今夜纱厨枕簟凉。

洗白白，上晚妆，薄薄的紫红色的睡衣，雪白的肌肤，若隐若现，散发着淡淡的幽香。微微一笑，轻启朱唇：郎君，今晚的竹席真凉快呀！

但好生活没过多久，“靖康之变”发生了，都城被金兵占领，李清照和丈夫只能渡江南下。不久，赵明诚就因染病而死去。

赵明诚死后，李清照也大病一场。之前，赵明诚也会偶尔出差，独守空房的李清照虽然孤单，但是却还有个盼头。如今，阴阳相隔，再也等不到心上人，只有把思念融到诗词中。

藤床纸帐朝眠起。说不尽、无佳思。沈香断续玉炉寒，伴我情怀如水。笛里三弄，梅心惊破，多少春情意。

小风疏雨萧萧地。又催下、千行泪。吹箫人去玉楼空，肠断与谁同倚。一枝折得，人间天上，没个人堪寄。

十几年后，李清照怀着对死去亲人的思念，在孤苦、凄凉中离开了人世。

惊艳世界的清朝女科学家

提到我国古代的科学家，大家肯定能如数家珍地说出许许多多，比如张衡、祖冲之、沈括、郭守敬等，但如果让你说出我国古代女科学家的名字，恐怕就要冥思苦想一会儿了吧。

实际上，在距离我们二百六十多年前的清朝就有这样的一名女科学家，她的生命虽然只有短短的 29 年，但她在科学上作出的贡献却不容忽视。她，还被全球最权威的科学期刊之一《Nature》评为“为科学发展奠定基础的女性科学家”。另外，在金星上有一个陨石坑，也是用她的名字来命名的。

这回你知道她是谁了吗？没错，她就是王贞仪。

王贞仪大概生活在乾隆时期，她出身于一个书香门第，爷爷精通数学，父亲精通医学，在耳濡目染之下，王贞仪很小的时候就对科学产生了浓厚的兴趣。尤其在自然科学方面，她更是充满了好奇心。

比如夜空中的星星，普通的孩子只觉得那只是个会发亮的小东西，浪漫一点儿的会觉得那是人生的指明灯，但是王贞仪看星星，却是一本“十万个为什么”：星星为什么不掉下来？星星为什么会发光？星星为什么会移动？

王贞仪的爷爷王者辅当过知府，家里藏书非常多，足足有“七十五橱”，妥妥的一个小图书馆。这对王贞仪来说是一个莫大的宝库，一有时间便钻进书房，潜心学习。不要以为这些书都是小说，里面不仅有诗词歌赋，还有许多科学家的专著，如祖冲之、郭守敬的专著。

那时候对于王贞仪来说真是最快乐的时光，而且最厉害的是，仅用了五年时间，她就把这七十五橱书全读完了。

就凭这一点，别说在两百多年前的清朝，就算是在今天，王贞仪也是相当杰出之人。

王贞仪的科学成就很高，在短短的一生中，她写了好几本关于数学的著作，比如《勾股三角解》《历算简存》《筹算易知》《象数窥余》，这些著作不仅总结了中国历代数学成就，还参考了西方的数学知识，写出来的文字也通俗易懂。

史料记载，王贞仪每天晚上都坚持观察天象，记录行星轨迹，最后写下了《经星辩》，正确推导出了金木水火土五大行星的旋转方向。

王贞仪生活的那个年代，哥白尼的“日心说”已经传到了中国，当时的国人认为这种说法纯粹是无稽之谈，但王贞仪经过研究，觉得哥白尼的说法是正确的，而且还根据哥白尼的理论，写下了《地圆论》，科学地解释了在我国流传千年的“天圆地方”的现象。这在世界上都是非常了不起的。

王贞仪根据自己的观察和研究，解释了日食和月食的形成原因，写进《月食解》一书中。在天文星象方面，王贞仪还著有《盈缩高卑辩》《黄赤二道解》

《地球比九重天论》《岁轮定于地心论》《日月五星随天左旋论一、二、三》等书。

当然了，在王贞仪生活的那个年代，研究天文学可不是一件容易的事。那时候，人们认为天象和人的运气、国家的命运密切相关，国家有专人负责观测，私自研究可能会被认为有危害国家的嫌疑。为此，王贞仪哪怕观测星星的运行，也要偷偷地找没人的地方进行观察。这就别提多难了。

王贞仪能够做到这一点，主要还是靠她百折不挠的性格，丝毫没有被封建社会所流行的“女子无才便是德”等老旧观点束缚。当她刚开始钻研科学的时候，就有一班封建卫道士对她冷嘲热讽，但是王贞仪没有退缩，强调学问并不是专门为男人而设的，女子的智慧并不比男子差，学成了一样有益于社会，并且，她在一首诗中写道：

始信须眉等巾帼，谁言儿女不英雄。

而且早在王贞仪十几岁的时候，她曾向一位蒙古阿将军的夫人学习骑射。史书描述称“跨马横戟，往来如飞”，而且射箭“发必中的”。为此，王贞仪还得意地写下诗句：

亦曾习射复习骑，盖调粉黛逐绮靡。

王贞仪 25 岁的时候，她结识了一名叫詹枚的青年并与其结婚。在操持家务的同时，王贞仪依旧没有放弃在天文学、数学等方面的研究。只不过 4 年后，王贞仪便因病结束了短暂而辉煌的一生。

第八章

秘史奇谈

扑朔迷离的历史真相

三星堆还有多少谜题待解

如果提及三星堆，恐怕无人不知无人不晓。1929 年，在四川的广汉，一位农民灌溉时无意中将其发现，由此，一个沉睡数千年的三星堆文明就此进入人们的视野，围绕这一奇迹，人们也进行了长达近一个世纪的叩问。

三星堆文明之所以能够惊艳世界，首先在于其出土的文物。

在现在的三星堆文化博物馆中，陈列着大量的青铜面具，其中有一个面具最引人注目，这个面具不仅有一对长长的、向两边张开的耳朵，而且还有一双极为夸张的眼睛。与常人不同，这对眼睛竟然向外突出着，如同戴着望远镜一般。

在古代，三星堆所在的位置属于古蜀国。人们相传，古蜀国的开山老祖名叫蚕从，据传这个人有一双“纵目”。长久以来，人们一直无法理解“纵目”是什么样子，直到这个面具出土，才解开了困扰人们千余年的疑问。

在三星堆文化博物馆里，还有一尊青铜铸成的人像，这尊铜像又细又高，有 3 米左右，相貌和青铜面具的特征大致相同。最令人惊奇的是，这个人穿着一件燕尾服式的袍子，光着脚，站在一个高高的底座上。这尊铜像的两只手一低一高，好像握着什么东西。据说，这是世界上现存最高的青铜像。

在三星堆出土的众多青铜器物品中，最令人惊艳的还是那棵高大的青铜神树。这棵青铜树做工十分精致，分为上下两层。树干中央盘旋着一条龙，龙的头朝下，尾在上；而在树枝上，栖息着九只飞鸟。

这棵青铜神树，恰好印证了我国古代扶桑树及太阳神鸟的传说。据说在遥远的地方，有一棵巨大的扶桑树，那是太阳神鸟升起和栖息的场所。在我国古代地理著作《山海经》中记载："汤谷上有扶木，一日方至，一日方出，皆载于乌""九日居下支，一日居上支"，这里的"扶木"指的就是巨大的神树，"乌"指的是金乌，是上古神话中的神鸟，是太阳之灵。

除了大量的青铜器，在2020年，三星堆遗址还出土了一个黄金面具。最让人惊奇的是，这个面具的含金量高达85%。在远古时期，人们如何做到这一点的，翻阅史料，无任何记载。

同一年，三星堆还出土了一件椭圆形的网格状文物，被称为7号"祭祀坑"的"镇坑之宝"。这件文物的外表有被丝绸包裹的痕迹，但因时间久远，丝绸早已化为灰烬。这件文物的外层是上下对称的龟背形网格状青铜器，一侧和现在的合页类似，还附带了四个青铜龙头把手和两三根青铜飘带。而在青铜器里面，还装了一块青绿色的玉器。这也似乎表明，古蜀人也有玉文化。

除青铜面具、青铜神树外，三星堆还出土了许多与中原文明差异性较大的文物，比如金冠带、金面罩等。青铜神树，被认为与苏美尔考古发现的吉尔伽美什国王向生命神树祈祷的石雕有相似之处，而金冠带、金面罩，这些代表王权的物品则与古埃及常见的文化元素相似。为此，三星堆文明起源的问题，自其被发现那一刻起，就一直困扰着人们。

经过一系列的考古发掘，现在考古学家将三星堆遗址的文化面貌、成因特征等基本确定，认为这是一处距今5000年至3000年左右的巴蜀文化遗址，基本可以分为6个时期：

"三星堆一期文化"(新石器时代晚期)，为蚕丛氏蜀王时期，距今约4800—4000年前；"宝墩文化"(新石器时代晚期后段)，为柏灌氏蜀王时期，距今约4500—3700年前；"三星堆文化"(三星堆遗址二、三期，相当于夏商时期），为鱼凫氏蜀王时期，距今约4000—3200年前；“十二桥文化”（含金沙遗址，相当于商周时期），为杜宇氏蜀王时期，距今约3200—2600年前；“晚期巴蜀文化”（含船棺葬文化，相当于春秋战国时期），为开明氏蜀王时期和与川东巴国并存时期，约公元前600—前316年；“巴蜀文化余存”（相当于秦国后期与汉代初期），为秦汉时期，也是两种文化的交叉期和过渡期，约公元前316—前100年。

可以断定，在商朝时期，三星堆已经发展成了一个高度发达的青铜文明中心，代表了长江流域商代文明的最高成就与贡献。

不过，关于三星堆遗址，人们还有很多疑问：三星堆的居民的族属为何？三星堆高超的青铜冶炼技术是怎么来的？三星堆文明何时产生，又何以突然消亡，等等。当然，随着考古的进展，这些谜题或许有一天会大白于天下。

周武王和商纣王竟是表兄弟

读过《封神演义》或看过《封神榜》电视剧的朋友们都知道，这是一个以神话传说的形式，讲述了武王伐纣、周朝代商史实的文艺作品。里面的一些人物、故事虽然经过了艺术加工，但在历史上却也是真实存在的。

无论在传说中，还是历史上，这一事件中的两大主要人物周武王姬发和商纣王都是一对冤家，一个代表正义，一个代表邪恶，在最后的对决中，周武王打败了商纣王，正义战胜了邪恶，走投无路的商纣王自焚而死，周王朝最终替代了商王朝。

这段历史想必许多人都了解，但是你可能想不到，周武王和商纣王这对冤家竟是表兄弟。

说起这层亲戚关系，还要牵扯到这两个家族的一段恩怨。

《史记》中记载，周王朝的先祖是“三皇五帝”之一的帝喾，帝喾有一个儿子，名叫弃。关于弃的出生，也被后人赋予了神秘的色彩。

据说有一次，帝喾的妻子姜原在游玩的时候，突然看到一个巨大的脚印，就跳到上面踩来踩去，结果回来就怀孕了。后来姜原生了一个男孩儿，就是弃。弃长大之后，善于种植庄稼，后来还担任了农官，负责教人们耕种。据说，他还是最早种稷（谷子）的人，因此也被称为后稷。

后来，后稷的后代逐渐形成了一个部落，名周。又经过多次的迁徙，最后来到了渭河流域，定居下来，并成了商王朝的一部分，替商王征讨经常入侵中原的西戎部落，保卫西部边疆的安全。

到了商王朝后期，文丁成为商王的时候，周国已经变得非常强大了。而此时的商王朝国力却逐渐衰弱。看到周国日益强大，文丁非常不安，他先是采取了怀柔政策，封当时周国的首领季历为西伯，统领西部的各诸侯国。然后，又发出命令，让季历来都城拜见自己。季历毫无防备之心，匆匆忙忙赶到了商都，没想到刚进城门就被抓起来处死了。

季历被杀的消息传到周国，百姓们都不禁痛哭起来。在一片悲声中，季历的儿子姬昌继承为周王。姬昌，也就是后来的周文王。

姬昌即位后，发誓要找商王报杀父之仇。但是他知道，现在周国虽然强大，但还远不能和商王朝对抗，于是便采取韬光养晦的策略，发展生产，训练士卒。

文丁杀了季历后不久也死去了，他的儿子帝乙继承了王位。这时候，商王朝进一步衰落。司马迁在《史记》中称：“帝乙立，殷益衰。”

更不幸的是，居住在长江和淮河之间的夷族趁机发动了叛乱，准备大举进攻商朝。这个消息很快传到了周国，姬昌一听，不禁喜出望外，他打算趁着这个机会，起兵攻打商朝，为父报仇。

这下子帝乙可坐不住了，他心里清楚，不要说两线作战，就是单独应对其中的一个都没有取胜的把握。怎么办呢？想来想去，帝乙决定采取安抚与征伐并举的方式。

对于西边的周国，帝乙决定采用安抚的方式，用和亲的手段加以解决。他在自己的宗族中挑选了一名女子，将其嫁与姬昌，以此来修补因其父文丁杀季历而破裂的君臣关系。此时姬昌正在调动军队，见商王提出了和亲，就和群臣商量了一番。大臣们都认为，现在灭商的时机还未成熟，如果与商联姻的话，可以争取到扩充实力的时间。

姬昌深表赞同，于是便答应了帝乙和亲的要求。帝乙非常高兴，亲自去占卜，选定了婚嫁日期，并置办了丰厚的嫁妆，将挑选的女子嫁过去。同时，他还命姬昌继承其父季历的西伯之位，统领西方的诸侯国。婚礼当天，姬昌为了表示郑重，还特意用船搭建了浮桥，亲自来到渭水的北岸迎亲。

这件事还被《诗经》记录了下来。《大雅·大明》一诗中写道：“文王嘉止，大邦有子。大邦有子，伣天之妹。文定厥祥，亲迎于渭。造舟为梁，不显其光。”

这场婚姻，商周双方皆大欢喜，并重归于好，这桩亲事也一时传为美谈。姬昌和帝乙结为了亲家，帝乙是姬昌的小舅子，到了他们的下一辈，周武王（姬昌的儿子）和商纣王（帝乙的儿子）自然也是表兄弟的关系了。

不过，也有人会说，帝乙只是把同族的一个女子嫁给了姬昌，如果这个女子是帝乙的堂侄女，那么姬昌岂不成了帝乙的侄女婿，周武王也该称纣王为表叔了。

或者这个女子是帝乙的长辈，那么就得反过来，商纣王要称周武王为表舅了。其实不然。因为，这段故事后来被史学家称为“帝乙归妹”。所谓妹，肯定是和帝乙同辈，大致是堂兄妹的关系。所以，说周武王和商纣王是一对表兄弟也是非常合适的。

娼妓业的保护神为什么是他

在文明社会，娼妓业是一个被世人所不齿的行业，涉身其中的女子，不仅会遭到乡里乡亲的唾弃，还会受到国家法律的严厉打击。

不过，你可能不知道，在我国的古代，娼妓业不仅不触犯法律，甚至在某一个时期还被国家大大地提倡。在两千多年的封建社会里，娼妓业和其他行业一样处于平等地位，并且和其他行业一样，也有自己的保护神。

而且，在我国古代，娼妓业的保护神还大有来头，甚至可以说是家喻户晓。他就是春秋时期齐国的宰相管仲。在后世的史书上，管仲有三个称号：“法家先驱”“圣人之师”“华夏第一相”。这三个称号，每一个都称得上是重如泰山。

评价管仲，说他是春秋时期第一大经济学家也不为过。他年轻的时候和鲍叔牙一起做过生意，后来又在鲍叔牙的极力推荐下，让齐桓公放下“一箭之仇”，成了齐国的宰相。在管仲的辅佐下，齐国国力日益强大，成了当时的第一大诸侯国，齐桓公也因此成了“春秋五霸”之首。

管仲靠什么让齐国强大起来的呢？两个字，经济。当时，在各诸侯国还都在把周朝的礼制当成治国的标准时，管仲却把“利”当成了强国的第一理念。也可以说，管仲就是一个功利主义者，只要能强大齐国，什么方法都可以。

在管仲治理国家的手段中，对后世最有影响力的就是把制盐和冶铁这两个行业的权力收归国有。靠着这两个行业，齐国赚取了丰厚的利润，也有了迅速强大的基础。

盐铁国营，只是管仲“搞钱”的一个措施而已，除此之外，还有一个对后世有重大影响的政策，就是设置“女闾”。所谓“女闾”，通俗一点说就是妓院。

实际上，早在管仲设置“女闾”之前，娼妓业就已经存在了。《史记·货殖列传》中记载：“今夫赵女郑姬，设形容，揳鸣琴，揄长袂，蹑利屣，目挑心招，出不远千里，不择老少者，奔富厚也。”

翻译过来就是，如今赵国、郑国的女子，她们打扮得漂漂亮亮，弹着琴瑟，舞动长袖，踩着轻便舞鞋，用眼挑逗，用心勾引，外出不怕千里万里，也不管对方是年老的还是年少的，只要对方是男人，对方就能用钱来换取她们的服务，她们也是为了财力而奔忙。

做这个行业的人还有个专业名词“游女”，《诗经·周南·汉广》里有这样一句：“汉有游女，不可求思。”即，汉水边漫游的女子，不可追求她。说的就是她们。当时的娼妓都是以上门服务为主，而管仲设置的“女闾”则主要是在固定场所招揽顾客。

史料显示，管仲在公元前685年开始执政，死于公元前645年，因此设“女闾”的时间也就在这个时期。而且。管仲开设女闾不是做试验田，而是规模化发展，开了大概有300间，也有说700间的。如果按照《周礼》所记载：五家为比，五比为闾，那么一闾就是25家，300闾就相当于7500家，700闾则要达到15000家了。

管仲为什么要开设“女闾”，其首要的目的肯定是搞钱。清朝人褚人获在《坚瓠续集》中写道：“管子治齐，置女闾七百，征其夜合之资，以充国用，此即教坊花粉钱之始也。”

除了搞钱，管仲还可以通过“女闾”解决其他问题。比如社会矛盾问题，在那时候，贫富分化，贵族和夫人们都蓄养着大量美女，因而造成了社会上成年男女性别比例失调。另外，齐国还可以借助美女来招引人才。

管仲设立女闾，在当时也产生了巨大的影响。受管仲启发，其他各诸侯国也纷纷效仿，等到了封建社会，娼妓业逐渐被允许民营，因而得到了更迅猛的发展。

在汉朝时期，汉武帝从中又分立出一种营妓制度，“以待军士之无妻者”。通俗一些说，营妓就是为军队官兵提供性服务的。

不过，无论后世如何发展娼妓业，都是建立在管仲所设置的女闾基础上的，为了感谢管仲，也为了找个有“实力”的人庇护这个行业，所以从事这个行业的人就将管仲当成行业的保护神了。

勾践到底有没有卧薪尝胆

有志者，事竟成，破釜沉舟，百二秦关终属楚；

苦心人，天不负，卧薪尝胆，三千越甲可吞吴。

这是清代著名文学家蒲松龄的一副名联，赞美了楚霸王项羽的志向高远，歌颂了越王勾践的忍辱负重。而对于我们现代人来说，“卧薪尝胆”早已经成为一碗鸡汤，激励着人们要在困境逆境中奋发图强。

不过，现在有人怀疑，这碗鸡汤到底是不是真材实料？是不是有虚假的食材？

按照正常的做法，这碗鸡汤有两种原料，一种叫作“卧薪”，一种叫作“尝胆”，而这两种食材都出在“越王勾践”的身上。人们传言，那是在春秋时期，越王勾践被吴国打败了，在走投无路的情况下，勾践只好忍辱求和，来到吴国给吴王夫差当了三年奴隶。

回国后，勾践发誓报仇，为了不忘亡国之痛，他每天睡在用硬柴堆砌的

“床”上，并在屋顶吊了一个苦胆，只要出门就要尝尝苦胆之味。在这样的鞭策下，勾践奋发图强，最终报了仇，灭了吴国。

这碗鸡汤确实很励志，但是，勾践是不是真的卧过薪、尝过胆呢？

《左传》和《国语》是记载春秋史事最原始、最详细、最可信的两本史书，《左传·定公》《左传·哀公》和《国语·吴语》《国语·越语》，都详细记述越王勾践的事情，但是里面却没有卧薪尝胆的内容。

就目前的史料来看，最早使用“卧薪尝胆”这个词的是北宋时期的大文学家苏轼，他在《拟孙权答曹操书》中写道：“仆受遗以来，卧薪尝胆。”但这是一篇戏谑文，也没提到越王勾践。

苏轼是文学大家，文章影响力很大，所以到了南宋时期，曾开、真德秀和黄震等官吏、学者在他们的奏章、著述中屡次提到勾践有“坐薪尝胆”或“卧薪尝胆”的事。

不过同样在南宋时期，理学大家吕祖谦在《左氏传说》中也曾提到“坐薪尝胆”，不过他认为做这件事情的是吴王夫差。明朝人张溥在《春秋列国论》中写道：“吴王即位，卧薪尝胆。”到了清朝时期，经史学家马骕在《左传事纬》和《绎史》两书中，也声称卧薪尝胆的是吴王夫差。

从北宋时期的苏轼开始，一直到清朝，关于“卧薪尝胆”的人是夫差还是勾践，一直存在分歧。不过，随着时间的推移，人们越来越倾向于“卧薪尝胆”的人是勾践。

明朝末年，梁辰鱼在传奇剧本《浣纱记》中对越王勾践卧薪尝胆的事情大加渲染；明末作家冯梦龙所编写的《东周列国志》出版后，越王勾践卧薪尝胆的故事开始广为流传；清朝初年，吴乘权在《纲鉴易知录》中写道：“勾践叛国，乃劳其凝思，卧薪尝胆。”而本文开头蒲松龄的那副名联，也是一个印证；直到现在，大家都接受了卧薪尝胆的是勾践。

不过，接受归接受，但其真实性却还需要考证。同时问题又来了，勾践是不是既卧过薪，又尝过胆呢?

在古代书籍中，记载勾践尝胆的资料很多，目前最早可以追溯到司马迁的《史记·越王勾践世家》。文章中写道：“吴既敌越，越王勾践反国，乃苦身焦思，置胆于坐，坐卧即仰胆，饮食亦尝胆也。”

也就是说，越王勾践回国之后，就把苦胆悬挂在座位上，无论是坐起还是躺下，即便是吃饭也要尝一尝苦胆。

东汉时期，赵晔在《吴越春秋·勾践归国外传》中写道：“悬胆在户外，出入品尝，不绝于口。”

到了唐宋时期，越王勾践“枕戈尝胆”的说法开始出现。杜甫在《壮游》诗中写道：“枕戈忆勾践，渡浙想秦皇。”南宋初年，名臣李纲在《议国是》疏中写道：“（勾践）枕戈尝胆以励其志”，而在《论使事札子》中又写道：“勾践枕戈尝胆，卒以报吴。”

由此可见，越王勾践尝胆可能是事实，但是，对于勾践卧薪一事，却一直没有被“实锤”。不过，有一些学者认为，《吴越春秋·勾践归国外传》一文中还提到，越王勾践“苦身焦思，夜以继日，用蓼攻之以目卧”。蓼是一种非常苦的菜，而蓼菜多了，就称为蓼薪。这句话的意思是，勾践一旦困了，就用苦菜刺激眼睛，打消睡意。但是后人把这个意思不仅误传为“卧薪”，还理解成是在硬柴上睡觉。

这种解释也只是一家之言，没有定论；关于勾践到底有没有卧薪，目前没有统一的说法。但是对于现代人来说，已经很少去纠结这些没有太大意义的细节了，因为，不管食材是否真实，这碗鸡汤的营养还是不错的。

屈原到底为何投江自杀

每年的五月初五，是我们熟悉的端午节。在这一天，全国大部分地区都有吃粽子的习俗。而关于这一习俗，大家也都知道，是为了纪念自投汨罗江而死的爱国诗人屈原。

屈原的身上有两个重要的标签，一个是诗人，我国著名的浪漫主义诗人。他开创了楚辞文体，形成了中国文学史上最早的浪漫主义文学流派。《楚辞》在我国文学史上的地位很高，其和《诗经》一起，构成了中国诗歌的两大源头，对后世文学产生了无穷的影响。

屈原的另一个标签就是爱国。他以诗为剑，在诗歌里，他痛斥卖国小人，揭露了他们争权夺利、蔑视法度等行为，表达了忧国忧民的心情。

屈原死后，人们为了纪念他，就在每年的农历五月初五端午节这天，吃粽子、赛龙舟。据说，屈原就是在这一天投江的。

但是，屈原为什么要投江呢？

流传最为广泛的说法就是因为楚国的灭亡，导致了屈原心如死灰，投江殉国。事实上，屈原沉江大约发生在楚顷襄王十六年或十七年，也就是公元前 283 年或公元前 282 年，楚国亡于公元前 223 年，也就是说，屈原死后四十多年，楚国才灭亡，所以其投江不是为了殉国难。

又有一种说法是，屈原投江，是因为秦国大将白起攻破了楚国的都城——郢，都城被攻破，意味着国家即将灭亡，这种投江的行为也是为了殉国难。理由就是，王夫之曾在《楚辞通释》中写道："哀郢都之弃捐，宗社之丘墟，人民之离散，顷襄王之不能效死以拒秦，而（楚）亡可待也。"

不过，历史学家推测，屈原写《哀郢》的时间大约在顷襄王十四年（公元前 285 年），而《史记·秦本纪》《史记·六国年表》中都记载，白起开始攻打楚国的时间为顷襄王十九年（公元前 280 年），第三年的时候（公元前 278 年）才将郢攻破。也就是说，屈原写《哀郢》和投江在前，白起攻破郢在后。从时间上推算，屈原投江也根本不可能是为了殉国难。

另外，屈原在投江前还写了一首绝命诗——《怀沙》。在这首诗中，屈原并没有流露出痛惜国家灭亡而决心殉国的想法。

而且，古人对"为国而死"的人十分推崇敬仰，史书通常会大书特书，如果屈原是因为殉国而投江，史学家、文学家都会在文中加以歌颂。但是，无论是西汉时期贾谊的《吊屈原赋》、司马迁的《史记·屈原列传》，还是唐朝时期沈亚之的《屈原外传》，虽然都对屈原的死深表同情，但都没有称屈原是为国殉身。

那么，屈原究竟为什么投江呢？学者们开始从他的临终作品中寻找答案。

诗人投江前写了一首绝命诗，就是《怀沙》，在诗中，屈原对朝廷中的小人们进行了鞭笞，痛斥他们"变白以为黑""倒下以为上""鸡鹜翔舞""邑犬群吠"，称他们为"谗人""党人"，同时表明自己的志向："知死不可让兮，愿勿爱兮。明告君子，吾将以为类兮”，也就是说，我屈原宁愿一死，也不向那群宵小之辈屈服。

原来在楚国，屈原一直主张联齐抗秦。当楚怀王被张仪欺骗，又被秦王害死后，屈原怒不可遏，他劝顷襄王搜罗人才、远离小人、操练兵马，以期为怀王报仇雪耻，不承想，顷襄王不但不听，反倒和虎视眈眈的秦为友。

最令屈原悲愤的是，他的劝告还招来了顷襄王的宠臣子兰和靳尚等人的仇视。这些人抓住一切机会，不断地在顷襄王面前诬陷屈原。糊涂的顷襄王竟然不辨是非，听信谗言，把屈原革了职，放逐到湘南（今湖南洞庭湖一带）去了。

在《怀沙》一诗中，屈原尽情地倾诉了自己的冤屈，“郁结纡轸兮，离慜而长鞠。抚情效志兮，冤屈而自抑”，称自己遭受长期放逐，满怀的忠贞无处申诉，只有“伤怀永哀”了。

西汉时期，桓宽在《盐铁论·颂贤》中写道：“夫屈原之沉渊，遭子柳之谮也。”也就是说，屈原是由于受奸佞的陷害，有冤屈而又无法申诉，最终被逼得无奈而投江的。这种说法应该是最符合历史的。

李陵到底是不是“叛徒”

西汉时期的大将李广，大家肯定都知道，他武艺高强，在抗击匈奴的过程中立下了不少战功，但是一直到死都没有被封侯，可以说是非常不幸了。但是相比较起来，他的孙子李陵的命运更为不幸，不仅背负着“叛徒”的骂名，还导致了李家八百多口被杀。

那么李陵到底是不是真心投降了匈奴？成了叛徒呢？

李陵在年轻的时候善于骑射，武艺超群，和李广颇为相似，“有乃祖遗风”。像许多年轻人一样，李陵也不甘心平庸地过完一生，总是在寻找机会以实现建功立业的梦想。

有一次，汉武帝派自己的小舅子李广利去攻打匈奴，让李陵负责押运粮草。但心高气傲的李陵根本看不上这一任务，于是便请求皇帝让自己单独行动，去攻打匈奴，收复国土。

汉武帝一下子就猜中了李陵的心思，说：“你是不想做下属吧！但是我现在已经没有财力来为你配备战马了！”

李陵说：“只要五千步兵，我就能直捣匈奴的王庭！”

汉武帝非常欣赏他的勇气，于是就同意了他的请求。这一年正是公元前99年。

这年9月，李陵于是带着五千步兵出发了，经过三十天的行军，来到浚稽山（在现在的阿尔泰山脉中段），与匈奴的军队相遇了。

单于用三万大军包围了李陵军，然后发起了冲锋。李陵命令士兵把大车连接起来作为营垒，前队的人拿盾和戟，后队的人都持弓弩，一时间千弩齐发，匈奴士兵立即死伤一片。单于大吃一惊，急忙又让左贤王和右贤王调来五万士兵发动进攻，但还是失败了，损失惨重。

单于见状，就准备退兵。恰在此时，李陵军中有一个叫管敢的兵士，因为被校尉韩延年辱骂，一气之下投降了匈奴。管敢为了讨好匈奴，把汉军的底细都告诉了单于："汉军没有后援，而且弓箭快用完了。"

俗话说：知彼知己，百战不殆。单于立即按照管敢的主意，发动骑兵攻击，并从山上往下扔石头。汉军损失惨重，最终全军覆没，李陵也只好投降了。

消息传到长安，汉武帝十分生气。对于李陵投降一事，朝廷分为两派，一派以司马迁为首，认为李陵不可能投降。理由是李陵诚实讲信义，而且以五千士兵对抗八万士兵已经很了不起了，他即便投降也肯定是想将来能为汉朝立功。另一派则把李陵当成了叛徒。

汉武帝也拿不定主意。不过等冷静下来一想，汉武帝也有些释然了，他觉得这件事也不能全怪李陵，如果有弓箭手和军队进行支援，李陵就不会孤军奋战，也不会战败了。想到这，汉武帝决定派公孙敖带着部队去塞外，看看能不能把李陵接回来。

不久，公孙敖回来了，这次他带回来一个爆炸性的消息："捕得生口，言李陵教单于为兵以备汉军，故臣无所得。"意思就是说，我们活捉了一个匈奴人，他说李陵正在训练匈奴士兵，教他们怎样来对付汉朝的军队。所以我不能把他带回来。

汉武帝一听，二话没说，立即下旨，将李陵的母亲、弟弟及妻儿都杀了。

但是，李陵真的在帮匈奴练兵吗？后来，汉武帝又派使者出使匈奴，李陵闻讯后，立即质问使者："吾为汉将步卒五千人横行匈奴，以亡救而败，何负于汉而诛吾家？"

此时的李陵依然理直气壮：我是因为没有援兵而失败的，我哪里对不住汉家江山，而皇帝非要杀我全家?

那名使者说："汉闻李少卿教匈奴为兵。"

李陵一听，就明白了，长叹一声说："乃李绪，非我也。"

李绪本来是汉朝人，驻守在塞外，有一次匈奴来攻打，李绪便投降了。单于对待李绪非常好，地位也在李陵之上。和使者交谈后，李陵十分生气，认为自己全家遇害全是因为李绪，于是就派人将李绪杀死了。

后来汉武帝死了，汉昭帝即位，霍光和上官桀辅政，这两个人从小就与李陵相识，而且交情非常好。他们就派人去匈奴接李陵回来。但是被李陵拒绝了，并且一直到死，李陵都没踏入汉朝国土一步。